French AS

élan pour OCR 1

Teacher's Book

Pat Dunn

Danièle Bourdais
Marian Jones
Tony Lonsdale
Gill Maynard
Martine Pillette

OXFORD
UNIVERSITY PRESS

OXFORD
UNIVERSITY PRESS

Great Clarendon Street, Oxford OX2 6DP

Oxford University Press is a department of the University of Oxford.
It furthers the University's objective of excellence in research, scholarship, and education by publishing worldwide in

Oxford   New York

Auckland   Cape Town   Dar es Salaam   Hong Kong   Karachi
Kuala Lumpur   Madrid   Melbourne   Mexico City   Nairobi
New Delhi   Shanghai   Taipei   Toronto

With offices in

Argentina   Austria   Brazil   Chile   Czech Republic   France
Greece   Guatemala   Hungary   Italy   Japan   South Korea
Poland   Portugal   Singapore   Switzerland   Thailand   Turkey
Ukraine   Vietnam

Oxford is a registered trade mark of Oxford University Press in the UK and in certain other countries

© Pat Dunn, Danièle Bourdais, Marian Jones, Tony Lonsdale, Gill Maynard, Martine Pillette 2008

British Library Cataloguing in Publication Data

Data available

ISBN 978 019 915339 8

10 9 8 7 6 5 4 3 2 1

Typeset by Thomson

Printed in Great Britain by Bell & Bain, Glasgow

Acknowledgements

The authors and publisher would like to thank Pat Dunn (editor) and Marie-Thérèse Bougard (language consultant).

Contents

Symbols used in this Teacher's Book:

 Listening material available on CD

S Self-study CD

C 12 Copymaster activities

 Additional extension activities

Summary of unit contents

Unit	Subject content	Grammar	Skills
Passerelle	Describing the area you live in Speaking about yourself in some detail Writing a brief account of someone's life	The infinitive High numbers The present tense Genders of nouns	Using a bilingual dictionary Writing a brief description Recording and learning new vocabulary Pronunciation: French vowels and the rhythm of spoken French
1 En famille et entre amis	Family relationships Friendships The pros and cons of marriage Changes in family structure	Inversion The perfect conditional The past historic	Using different registers when speaking Using a monolingual dictionary Structuring an argument for a debate
2 En pleine forme?	Smoking and drinking The health risks of taking drugs Healthy eating and eating disorders Healthy lifestyles	Impersonal verbs The relative pronoun *dont* The conditional Present participles	Talking about rights and duties Writing an opinion piece Using expressions for making suggestions
Révisions Unités 1–2	Revision of Units 1–2		
3 Les médias	Television programmes The influence of television on young people Advertising and its effects French newspapers and magazines	Definite and indefinite articles Negatives Adjectives, including comparative and superlative forms Verbs followed by an infinitive	Expressing opinions, agreement and disagreement Reading a passage for gist
4 Les nouveaux médias et la musique	The importance of music and downloads for young people The popularity of blogs and wikis Issues relating to mobile phones The role of the Internet	The perfect tense Direct object pronouns Possessive adjectives and possessive pronouns *depuis* *venir de* *après avoir, après être*	Understanding statistics and commenting on them Understanding the link between French and English suffixes Taking notes when listening
Révisions Unités 3–4	Revision of Units 3–4		
5 La vie culturelle en France	Different types of film The history of cinema in France and the effect of DVDs The role of theatre and festivals Different types of music	Prepositions The pluperfect tense The relative pronouns *qui* and *que* Adverbs Demonstrative adjectives and pronouns	Speaking from notes Dealing with longer reading texts
6 Vivre sa vie	The problems of housing for young people Aspects of shopping Transport issues Different patterns of living	The imperfect tense Different ways to ask questions Indirect object pronouns Indirect speech	Using conjunctions to improve quality of writing Dealing with cloze texts

Unit	Subject content	Grammar	Skills
Révisions Unités 5–6	Revision of Units 5–6		
7 Allez les sportifs	Reasons for taking part in sport The health benefits of sport French sports stars Fair play in professional sport	The future Verbs linked to an infinitive with à and de Emphatic pronouns The pronouns y and en	Synonyms and antonyms Answering questions on a French text
8 Le tourisme	Holiday experiences Different types of holiday The pros and cons of tourism The impact of tourism on holiday destinations Transport	The imperative The passive Starting a sentence with an infinitive	Using knowledge of word families to extend vocabulary Tackling listening tasks more effectively Using a range of phrases for convincing someone of your point of view
Révisions Unités 7–8	Revision of Units 7–8		
9 Le lycée, et après?	The French and British education systems Describing own education The challenges facing first-time jobseekers Should school do more to prepare young people for the world of work? Preparing a job application letter	Recognising verbs in the subjunctive The main uses of the subjunctive Use of the subjunctive vs the indicative The future perfect tense	Writing a formal letter
Révisions Unité 9	Revision of Unit 9		
Révisez tout	Practice examination material for the whole book Revision of key grammar points and skills		
Grammaire	Grammar reference section		
Vocabulaire	Glossary		

Elan pour OCR specification match

Year	OCR Topics	Elan Units
AS	**Aspects of daily life** The family: Different structures and relationships	E1 Unit 1
	Living conditions (housing, shopping and patterns of daily life.)	E1 Unit 6
	Food, drink, health, obsessions and additions.	E1 Unit 2
	Transport: trends and patterns in usage (for the individual and at local and national levels.)	E1 Unit 6
	Leisure and entertainment Sport (including national sporting concerns and traditions)	E1 Unit 7
	Tourism and related themes, tourism as a changing phenomenon Tourism and the environment	E1 Unit 8
	Leisure activities: aspects of cultural life, eg film, theatre, the arts, as part of leisure time.	E1 Unit 5
	Communication and media Communication and technology: patterns and changes to communication in daily life.	E1 Unit 4
	Media eg: written press, radio, television (roles and influences)	E1 Unit 3
	Education and training School and school life: individual experiences, local and national influences.	E1 Unit 9
	Work and training: individual experiences, school to work preparation, transition and aspirations	E1 Unit 9

Introduction

The course

Welcome to **Elan 1 pour OCR**!

Elan 1 pour OCR is the first stage of a two-part French course written to match the new AS and A2 specifications for OCR. It has been written by a team of experienced authors and practising teachers and is suitable for a wide range of learners.

Rationale

The aims of **Elan 1 pour OCR** are:

- to provide thorough coverage of the AS specifications for OCR (see grid on page 6 of this book) and prepare students for the AS examinations
- to provide material suitable for AS students of all abilities to ease the transition from GCSE to AS level
- to provide comprehensive grammatical coverage and practice of the QCA-defined grammatical content
- to help students develop specific learning strategies, for example dictionary skills, independent study, vocabulary learning and pronunciation techniques
- to enable students to take control of their own learning by means of learning strategies, reference and revision sections, study skills and opportunities for independent study
- to encourage success by providing clear objectives and by practising language via activities with a clear purpose

The components of Elan 1 pour OCR

Students' Book

The Students' Book is the complete handbook for advanced level studies, providing a comprehensive and integrated programme of teaching, practice, revision and reference for students. This 176-page book contains the following sections:

Passerelle

This initial unit bridges the gap between GCSE and AS level by providing revision of key language and grammar and focusing on topics that should be familiar to students from their previous learning. It also introduces students to the layout of the Students' Book and the types of activity they will encounter in **Elan pour OCR**.

Unités 1–9

There are nine units on different topics. Each unit has been planned to be interesting and motivating, as well as to develop relevant strategies and skills for independent study and preparation for examinations. An outline of the content of each unit is given on Teacher's Book pages 4–5.

Révisions

After every two units, there are two pages with a range of revision activities, aimed at providing further practice and consolidation of the language of the preceding units. Some of the activities are suitable for use in class whereas others are more suitable for homework. A simple mark allocation is suggested for each activity on the *Révisions* pages, but teachers may wish to refer instead to their own exam board's mark scheme, particularly for speaking and writing tasks.

Révisez tout

This section on pages 136–145 provides practice material drawn from the whole of **Elan 1 pour OCR**, including revision of key grammar points and skills. The listening, speaking, reading and writing activities on pages 136–140 can be used as practice examination material.

Grammaire

This detailed reference section complements the grammar explanations given within the body of the

Students' Book. All explanations are in English so that students are able to use it independently.

Vocabulaire

This French–English glossary contains selected words from the Students' Book.

Teacher's Book

Detailed teaching notes for each unit are provided. These notes include:

♦ suggestions for using the material in the Students' Book, including the revision pages
♦ answers to most activities, including possible answers where appropriate as well as the correct answers for true/false activities
♦ transcripts for all recorded material
♦ notes on when to use the copymasters within each unit
♦ diagnostic tests
♦ a sample scheme of work

Resource and Assessment CD-ROM

The Resource and Assessment CD-ROM provides five copymasters for each unit:

♦ three general copymasters
♦ one grammar copymaster
♦ one skills copymaster

Assessment material and planning grids are also included on the Resource and Assessment CD-ROM.

Grammar Workbook

This 96-page Workbook contains thorough revision and practice of grammar covered in the Students' Book, with an answer booklet for self-marking if appropriate.

CDs

The CDs provide the listening material to accompany the Students' Book, copymasters and assessment material. The scripted material was recorded by native French speakers. All CDs may be copied within the purchasing institution for use by teachers and students. The **Elan pour OCR en solo** CD is ideal for self-study and it is advisable for students to have an individual copy of this CD to practise independent listening.

CD contents

CD 1: Passerelle, Unités 1–2
CD 2: Unités 3–7
CD 3: Unités 8–9, Révisions, Révisez tout

Features of an Elan pour OCR unit

Unit objectives

Each unit begins with a list of topics with page references to their place in the unit. There are also objectives in English that provide clear information to students about what they will learn in the unit, including grammar and skills. The first two pages of each unit contain a visual stimulus and some activities to introduce the theme of the unit.

Core spreads

Each of the four core spreads begins with one or two questions to pinpoint what students will learn. Activities in all four skills are included on each spread, leading to a productive spoken and written task at the end of the spread.

Expressions-clés

These boxes provide key phrases for students to use in their written and spoken outcome tasks.

Grammaire

Most spreads feature a *Grammaire* section, focusing on a key grammar point. The explanations and instructions in these sections are in English, enabling students to use them independently. Activities are provided (lettered A, B, C, etc.) to reinforce each grammar point, and examples are included in texts on the spread so that students have an opportunity to see the grammar point in practice. There are also cross-references to pages in the grammar reference section and the Grammar Workbook.

Compétences

These sections provide practical skills advice and language-learning tips in English, with activities (lettered A, B, C, etc.) enabling students to put the advice into practice. They are ideal for self-study and are intended to improve aspects of students' performance and help them develop as independent learners.

En plus

These are additional activities, often provided on a copymaster, to extend what students have learnt on the spread.

Grammaire active

This page (on the final spread of each unit) provides additional activities to reinforce or extend key grammar points from the unit.

Au choix

At the end of each unit there is a page of self-study activities to reinforce the language, skills and grammar that students have learnt in the unit. The listening activities are recorded on a self-study CD.

Révisions and Révisez tout

These sections provide revision practice with exam-style questions to help students prepare for their AS examination.

Elan and the new AS and A2 specifications

Elan is a structured two-part course intended for use over two years' study and has been written to follow the revised AS/A2 specifications for OCR. There are nine units in **Elan 1 pour OCR**, written to match the content of the revised AS specifications (for first teaching from 2008).

The style and content of the activities would also be appropriate for use with other exam specifications.

Grammar

Elan 1 provides complete coverage of the QCA-defined grammar content. The deductive approach on the Students' Book pages and the extensive practice provided in the Grammar Workbook ensure that students are able to master all aspects of language structure required at this level.

Assessment

The assessment material in **Elan 1 pour OCR** has been written to match the style of the major examination boards.

Practice in tackling exam-style questions is provided in the *Révisions* and *Révisez tout* sections and in the *Contrôles* copymasters.

Key skills

The table below provides an overview of key skills coverage in **Elan 1 pour OCR**. It shows where there are opportunities to develop and/or assess some or all of the criteria for each key skill at level 3.

The following notes provide examples of how each key skill may be developed or assessed through the activities in **Elan 1 pour OCR**:

Communication

Teachers should note that, although the study of a modern foreign language helps students to develop their communication skills, *the evidence for this key skill must be presented in English, Irish or Welsh.* **Elan 1 pour OCR** offers opportunities for practising and developing communication skills rather than for generating assessed evidence.

For this key skill, students need to:

1a Take part in a group discussion
All **Elan 1 pour OCR** units provide opportunities for students to discuss topics in pairs, small groups or as a whole-class activity.

1b Make a formal presentation of at least eight minutes
Many of the topics covered in the coursebook provide a suitable basis for a presentation, and one of the *Compétences* sections in Unit 5 (page 75) provides specific guidance on speaking from notes. Students should be encouraged to support their presentations using visuals (e.g. OHP transparencies, photographs, brochures, etc.), PowerPoint, audio clips and other appropriate material.

2 Read and synthesise information from at least two documents about the same subject
Elan 1 provides reading material on a wide range of topics, with activities designed to help students identify main points and summarise information. Students are also encouraged to undertake wider reading when researching information for productive spoken and written work. Their wider reading might include newspapers, magazines, books, publicity material, and Internet sources.

3 Write two different types of document
Opportunities exist throughout **Elan 1 pour OCR** for students to attempt extended writing in a variety of styles, e.g. reports, essays and creative material on a range of themes, a film review, a biography, publicity material, informal and formal letters, etc.

		Elan 1 units									
		Passerelle	1	2	3	4	5	6	7	8	9
Main key skills	Communication	✓	✓	✓	✓	✓	✓	✓	✓	✓	✓
	Application of number		✓			✓	✓				
	ICT	✓	✓	✓	✓	✓	✓	✓	✓	✓	✓
Wider key skills	Working with others	✓	✓	✓	✓	✓	✓	✓	✓	✓	✓
	Improving own learning and performance	✓	✓	✓	✓	✓	✓	✓	✓	✓	✓
	Problem solving	✓	✓	✓	✓	✓	✓	✓	✓	✓	✓

Application of number

Although it may not be within the scope of a modern foreign language course to generate sufficient evidence to assess this key skill, **Elan 1 pour OCR** does provide opportunities for students to develop their ability to work with numbers. Numbers feature in most units (e.g. dates/years, percentages, statistics, population figures, etc.); however, the table on page 19 indicates only those units where students are involved in interpreting or commenting on statistics.

Information and communication technology

Students need to be able to:

1 search for and select information
2 enter and develop the information, and derive new information
3 present combined information such as text with image, text with number, image with number

All **Elan 1 pour OCR** units provide opportunities for students to develop aspects of this key skill. Criteria 1–3 (listed above) can be combined in a single extended piece of work in activities such as the following:

♦ Unit 7, page 103, activity 4: Students research a French athlete using the Internet, then present the information to the class using presentation software such as PowerPoint.
♦ Unit 9, page 133, activity 4: Students use the Internet to find out about a career of their choice (e.g. the education and training required, the advantages and disadvantages). They then present the information as a careers advice leaflet or brochure, which they could produce using desktop publishing.

Working with others

All **Elan 1 pour OCR** units provide opportunities for students to work together, either in a one-to-one situation or as part of a group. These opportunities may take the form of interviews, discussions, debates and surveys, or they may involve students in a more creative activity such as producing an advertisement or a PowerPoint presentation, or inventing a role-play.

The following example shows how a group task can be developed and expanded in order to become a suitable means of assessing this key skill:

Unit 5, page 73, activity 4: Students work in groups to prepare and act out a scene from a well-known film:

1 They begin by agreeing on an appropriate film/scene and planning the work. What needs to be done and when does it need to be done by? Do they need to arrange to view the film/scene? Will they have to transcribe the relevant part of the script? If they need to translate the script into French, what language resources are available? Who will play the parts of the characters involved? Do they need any props? Are they going to record their performance on video?
2 Once they have allocated roles and responsibilities within the group, students then work towards their objectives, checking regularly on progress and dealing with problems as they occur.
3 After completion of the task, students review their work, sharing constructive feedback and agreeing on ways to improve collaborative work in future.

Improving own learning and performance

Students are required to:

1 set targets and plan how these will be met
2 take responsibility for own learning and use plans to help meet targets and improve performance
3 review progress and establish evidence of achievements

All **Elan 1 pour OCR** units provide opportunities to meet these criteria through:

♦ **Clear objectives and means of reviewing progress**
Each unit begins with a list of objectives, providing clear information to students about what they will learn in the unit, including grammar and skills. In addition to these unit objectives, students should be encouraged to set their own personal targets relating to aspects of their performance that they want to improve, with an action plan showing how they intend to achieve the targets and how they will assess their progress. The *Révisions* sections at the end of each couple of units provide students with a means of reviewing their progress.
♦ **Strategies for improving performance**
All **Elan 1 pour OCR** units include *Compétences* sections, which suggest strategies and activities to help students develop as independent learners and improve aspects of their own performance. Strategies range from specific listening, speaking, reading and writing advice to tips on using dictionaries effectively and suggestions on recording and learning new language.

Problem solving

Although a modern foreign language course may not generate sufficient evidence to assess this key skill, language learning does provide opportunities to practise and develop problem-solving skills. For example, a 'problem' in language learning can take the form of any unknown word or phrase. If students are encouraged to 'work out' new language for themselves and take responsibility for their own learning instead of relying on teacher support, they develop problem-solving skills.

All **Elan 1 pour OCR** units provide opportunities for students to do this. In particular, the *Compétences* sections encourage students to become more independent in their language learning.

Information and communications technology

These notes provide a few examples of ways to use ICT with **Elan**. For more detailed information on current software and technologies, together with practical help and ideas on the use of ICT in the modern foreign languages classroom, you may find the following helpful:

- Becta (British Educational Communications and Technology Agency)
  www.becta.org.uk
- CILT (The National Centre for Languages)
  www.cilt.org.uk
- Languages ICT
  www.languages-ict.org.uk

Internet

Note on Internet safety: Before using the Internet with students, whether for online communication, the creation of web pages and blogs, or for research purposes, it is vital to be aware of safety issues. Guidance on this can be obtained from Becta (see website above).

Online communication

If your school has links with a partner school in a French-speaking country, the Internet offers a range of ways in which your students can communicate with their French counterparts, e.g. email, instant messaging, chat rooms, noticeboards and forums, audio- and video-conferencing, web pages and blogs. All these technologies enable the exchange of a wide range of information, from text and graphics to audio and video clips. They are extremely useful for motivating students, encouraging spontaneous communication and generating a source of additional teaching and learning material. The creation of web pages and blogs (e.g. to be viewed by a partner school in a French-speaking country) provides

students with a sense of purpose, since they are writing for a real audience.

There are many opportunities in **Elan 1 pour OCR** where online communication can be used to enhance the work of a unit, e.g.

- Unit 4, page 57, activity 4: As a follow-up to work on instant messaging, students could use chat language in an exchange of messages with a French partner class.
- Unit 2, pages 30–31: Use the quiz questions as the stimulus for a health/lifestyle survey with a French partner class.
- Unit 8, pages 110–111: Conduct a survey about holiday trends with a French partner school.
- Unit 9: Exchange information about school timetables and the French and British education systems.

Internet research

The Internet can be a valuable research tool, giving both teachers and students easy access to authentic reading materials and cultural information about French-speaking countries. Opportunities for students to research on the Internet occur throughout **Elan**. Themes include:

- Unit 3, pages 44–45, activity 3: Students use the Internet to find out the answers to a quiz on the French media.
- Unit 5, page 70, activity 2: French cultural figures.
- Unit 7, page 103, activity 4: French athletes.
- Unit 8, page 108, activity 2: *Paris-Plage*.
- Unit 9, page 124, activity 2: The *baccalauréat*.

Word-processing and text manipulation

Word-processing software allows text to be presented in a variety of forms that can be easily edited and manipulated. Words, phrases, sentences and paragraphs can be moved, changed, copied and highlighted, making it easier for students to experiment with language and to draft and redraft their work. Any written task can be completed on the computer, e.g.

- Unit 6, page 87, *Compétences*, activity C: Students redraft a piece of work, adding conjunctions to make it more varied and interesting.
- Unit 7, page 99, activity 6: Students write a letter to a friend persuading them to go on a *Sports Elite Jeunes* holiday.
- Unit 2, page 35, *Compétences*: Students write an opinion piece on drugs.

♦ Unit 9, page 131, Students write a letter applying for a work experience placement.

Desktop publishing

Desktop publishing software enables students to design sophisticated documents involving complex layout of text, clip art, digital photos and scanned images, e.g. brochures and leaflets, advertisements, posters, magazine-style articles and newsletters. Opportunities for students to use desktop publishing in **Elan** include:

♦ Unit 5, page 70, activity 2: Design and produce a poster about three French cultural figures.

♦ Unit 7, page 101, activity 5a: Produce a leaflet about the benefits of sport and exercise.

♦ Unit 9, page 133, activity 4: Students produce either (a) an account of a student's life in the 21st century, to be placed in a time capsule; or (b) some careers advice for a young person. Item (a) could be in the form of a magazine-style article or newsletter; (b) could be a leaflet.

Databases and spreadsheets

Data-processing software allows text- and number-based information gathered by students, possibly during a class survey, to be entered into a database then sorted and analysed in different ways; spreadsheet software is more suitable for dealing with number-based (rather than text-based) data. Both of these technologies generate a range of opportunities for further language work, comparison and discussion of the data, etc.

Opportunities to use these technologies in **Elan** include:

♦ Unit 4, pages 58–59: After doing the music survey (in their own class and with a French partner school), students could compile a database of the results, then discuss the figures with reference to the *Compétences* section on 'Talking about statistics'.

♦ Unit 8, pages 110–111: If students have conducted a survey with a French partner class about holiday trends (see **Online communication** on page 11 above), the results could be fed into a database or recorded on a spreadsheet and used to generate further language work.

Presentation software

Presentation software (e.g. PowerPoint) allows students to create multimedia 'slides' combining text, images, sound and video clips, active links to web pages, animations, etc. The slides can be displayed to the whole class via a data projector and wall screen or interactive whiteboard. Themes for oral presentations in **Elan** include:

♦ *Passerelle* unit, page 15, *En plus* activity: Biographical details about a favourite celebrity.

♦ Unit 4, page 63, activity 3: Advantages and disadvantages of mobile phones.

♦ Unit 5, page 79, activity 4: The career and music of a French musician.

♦ Unit 7, page 103, activity 4: The career of a French athlete.

♦ Unit 9, page 125, *En plus* activity: The education of a friend or family member.

Le saviez-vous?

Nom _____

1 Elodie is talking about what she does after school. Fill each gap with a verb from the box, making sure you use the correct form of the present tense. *(10 marks)*

rentrer faire aller avoir descendre bavarder
écrire prendre lire aimer

Quelquefois, je (**1**) _____
directement au café avec mes copines.
Je (**2**) _____ un coca ou un café et
je (**3**) _____ avec tout le monde.
Après, je (**4**) _____ à la maison et
je (**5**) _____ mes devoirs. Quelquefois,
si je n' (**6**) _____ pas grand-chose à
faire, je (**7**) _____ un roman ou
j' (**8**) _____ une lettre.
J' (**9**) _____ passer quelque temps
seule dans ma chambre. Puis je
(**10**) _____ voir ce qu'on va manger.

2 Now complete the statements by others in her class, using the present tense of the verb in brackets. *(9 marks)*

1 Et toi, qu'est-ce que tu _____ faire?
[*préférer*]

2 Normalement, je _____ faire mes devoirs!
[*devoir*]

3 Et tu _____ à quelle heure? [*finir*]

4 Christel ne rentre pas tout de suite. Elle
_____ sa sœur. [*attendre*]

5 Sébastien _____ 5 kilomètres chaque
après-midi. [*courir*]

6 Isabelle et Charlène, vous _____ nous
voir? [*venir*]

7 Ah non, ce soir nous ne _____ pas!
[*pouvoir*]

8 Elles _____ qu'elles ont trop d'autres
choses à faire. [*croire*]

9 Et Simon? Il _____ peut-être venir?
[*pouvoir*]

3 Complete each description with the adjective given, making sure the agreement is correct.
(10 marks)

1 Claire a trois _____ frères. [*petit*]

2 Luc et Marc sont toujours les _____.
[*premier*]

3 Suzanne est vraiment _____ en anglais!
[*nul*]

4 Tu as eu de _____ résultats en maths?
[*bon*]

5 Elle n'est pas intelligente mais elle est
_____. [*courageux*]

6 Les jumelles sont très _____! [*actif*]

7 Alors là, tu as trouvé une _____ solution!
[*beau*]

8 La plupart de nos profs sont trop _____!
[*vieux*]

9 Mes amis sont tous très _____. [*intelligent*]

10 Mon frère est vraiment _____.
[*paresseux*]

4 Insert the correct word for 'my', 'your', etc. into each gap. *(10 marks)*

1 Où as-tu mis _____ sac? [*your*]

2 Je ne trouve plus _____ affaires! [*my*]

3 Christophe a perdu _____ raquette de
tennis. [*his*]

4 Est-ce que vous avez _____ billets? [*your*]

5 Les enfants, ont-ils _____ cahiers? [*their*]

6 Il ne faut pas oublier _____ carte de
crédit! [*our*]

7 Elle fait presque tout pour _____ fils. [*her*]

8 Ils attendent _____ mère. [*their*]

9 J'aime beaucoup sortir avec _____
amis. [*my*]

10 _____ parents ne le laissent jamais
sortir pendant la semaine. [*his*]

Le saviez-vous?

Nom _____

1 Use the clues to write a sentence summarising what Philippe did on holiday. Follow the example and use the perfect tense. *(8 marks)*

Example: aller   en Italie   2 semaines   =

    Je suis allé an Italie pendant deux semaines.

1 passer   un mois   sur la côte

    _____

2 voir   les sites historiques

    _____

3 visiter   les musées

    _____

4 faire du shopping   choisir des souvenirs

    _____

5 manger des pâtes   boire du bon vin

    _____

6 ne pas avoir   le temps de tout faire

    _____

7 bien s'amuser   avec mes copains

    _____

8 revenir   à la fin du mois

    _____

2 Translate the underlined parts of these sentences into French. *(8 marks)*

Example: <u>They went</u> to the Leaning Tower of Pisa.

    Ils sont allés

1 <u>We took</u> lots of photos.

    _____

2 <u>Did you visit</u> the Vatican? [*tu*]

    _____

3 <u>She wrote</u> lots of postcards.

    _____

4 <u>We read</u> an Italian newspaper every day.

    _____

5 <u>Didn't you see</u> Florence? [*vous*]

    _____

6 <u>We went out</u> every evening.

    _____

7 <u>The girls got up</u> late every day.

    _____

8 <u>We waited</u> for a train for hours in Sienna.

    _____

3 You are planning an exchange visit to France. Complete the sentences with the future form of the verb in brackets. *(8 marks)*

1 Nous _____ en Normandie pendant une semaine. [*aller*]

2 J'_____ à mon correspondant avant de partir. [*écrire*]

3 Mes parents me _____ un cadeau pour la famille. [*donner*]

4 Je _____ très content de revoir mon correspondant. [*être*]

5 Je ne sais pas exactement ce que nous _____. [*faire*]

6 Nous _____ quelques jours dans son lycée. [*passer*]

7 Ses parents nous _____ peut-être à leur gîte. [*emmener*]

8 J' _____ beaucoup de choses, j'en suis sûr. [*apprendre*]

4 Use an appropriate form of the verb given in brackets to complete each sentence. Remember that some verbs will need *à* or *de* before the second verb. *(8 marks)*

1 Vous _____ jouer au foot? [*préférer*]

2 Tu vas enfin _____ faire tes devoirs? [*commencer*]

3 Ah non! J'ai _____ acheter un cadeau pour son anniversaire. [*oublier*]

4 Est-ce que vous _____ m'aider? [*pouvoir*]

5 Je ne l'aime pas et je ne _____ pas le voir. [*vouloir*]

6 Tu _____ payer l'addition à la fin du repas. [*devoir*]

7 J'_____ parler espagnol, mais c'est difficile. [*essayer*]

8 Tu peux m' _____ finir tout cela? [*aider*]

Lesson Plan

Date :	Teacher :	Class :

Objectives	Resources

Objectives for Students	Notes/Reminders

Starter:

Teaching sequence:

Differentiation/Extension:

Plenary:

Homework:

Le saviez-vous? – Answers

Feuille 1

Answers:

1

1 *vais*	**2** *prends*	**3** *bavarde*	**4** *rentre*
5 *fais*	**6** *ai*	**7** *lis*	**8** *écris*
9 *aime*	**10** *descends*		

2

1 *préfères*	**2** *dois*	**3** *finis*	**4** *attend*
5 *court*	**6** *venez*	**7** *pouvons*	**8** *croient*
9 *peut*			

3

1 *petits*	**2** *premiers*	**3** *nulle*	**4** *bons*
5 *courageuse*	**6** *actives*	**7** *belle*	**8** *vieux*
9 *intelligents*	**10** *paresseux*		

4

1 *ton/votre*	**2** *mes*	**3** *sa*	**4** *tes/vos*
5 *leurs*	**6** *notre*	**7** *son*	**8** *leur*
9 *mes*	**10** *ses*		

Feuille 2

Answers:

1

1 *J'ai passé un mois sur la côte.*
2 *J'ai vu les sites historiques.*
3 *J'ai visité les musées.*
4 *J'ai fait du shopping et j'ai choisi des souvenirs.*
5 *J'ai mangé des pâtes et j'ai bu du bon vin.*
6 *Je n'ai pas eu le temps de tout faire.*
7 *Je me suis bien amusé avec mes copains.*
8 *Je suis revenu à la fin du mois.*

2

1 *Nous avons pris*
2 *Tu as visité*
3 *Elle a écrit*
4 *Nous avons lu*
5 *Vous n'avez pas vu*
6 *Nous sommes sorti(e)s*
7 *Les filles se sont levées*
8 *Nous avons attendu*

3

1 *irons*	**2** *écrirai*	**3** *donneront*	**4** *serai*
5 *ferons*	**6** *passerons*	**7** *emmèneront*	**8** *apprendrai*

4

1 *préférez*	**2** *commencer à*	**3** *oublié d'*	**4** *pouvez*
5 *veux*	**6** *dois*	**7** *essaie de*	**8** *aider à*

Passerelle

Unit objectives
By the end of this unit students will be able to:
- Describe the area they live in
- Speak about themselves in some detail
- Write a brief account of someone's life

Grammar
By the end of this unit students will be able to:
- Use the infinitive
- Use high numbers
- Use the present tense
- Use the correct gender for nouns

Skills
By the end of this unit students will be able to:
- Use a bilingual dictionary
- Write a brief description
- Record and learn vocabulary effectively
- Pronounce French vowels accurately and use correct rhythm in spoken French

La France: hier, aujourd'hui, demain!

pages 6–7

This spread offers images of France, with elements of its past and glimpses of the future.

 1 Students listen and match each sound clip to a photo.

Answers:
1 *A*   2 *D*   3 *B*   4 *E*   5 *C*

CD 1 track 2   **p. 6, activité 1**

1 La France a une longue histoire d'innovation automobile: c'est un Français, Joseph Cugnot, qui, en 1769, invente le prototype de l'automobile, un véhicule appelé le Chariot à feu.

2 Venez dans le quartier de la Défense, un quartier ultra moderne à l'ouest de Paris, un quartier qui vibre, un quartier en fusion. La Défense, le centre d'affaires le plus dynamique d'Europe!

3 Le TGV, le Train à Grande Vitesse français, est à nouveau le train le plus rapide du monde. Il bat pour la quatrième fois le record du monde de vitesse sur rail en roulant à plus de 574 km/h.

---

4 La langue française, langue vivante et dynamique, est parlée par près de 265 millions de personnes sur les cinq continents.

---

5 Les Britanniques adorent la 'French way of life': ils aiment un cadre de vie agréable, un climat de rêve, une excellente cuisine ... Où mieux que dans les petits village de Provence pour trouver tout cela? La Provence, une des plus belles régions de France!

---

2 Students choose the best caption for each image. They discuss their choice in pairs.

For a video clip about La Défense (photo D), see the website of *L'Internaute Magazine* (www.linternaute.com/video/savoir/la-defense-en-2015).

Answers:
A *3*   B *5*   C *4*   D *1*   E *2*

3 Students discuss (as a whole class or in groups) what France means to them and the images it evokes.

4a In groups, students look through the *Elan 1* Students' Book and discuss the topics covered. Are there any topics that they're already familiar with? Which topics interest them the most, and why?

4b Students consider the grammar points listed on pages 4–5 of the Students' Book. Which ones do they already know and which do they need to revise? Which ones are new?

Aux quatre coins de France

pages 8–9

Planner

Grammar focus

♦ The infinitive

Key language

♦ *J'habite à + ville.*
C'est une (ville/région (historique/moderne/ dynamique).
Ce n'est pas ...
Il y a la mer, les plages, ...
Il n'y a pas d'industries, ...
♦ *Je vais/J'espère/Je voudrais/J'aimerais + infinitif (aller, rester, quitter ...).*

Resources

♦ Students' Book pages 8–9
♦ CD 1 tracks 3–4
♦ Grammar Workbook page 32

---

1 Students read and listen to the accounts given by Agnès, Jean-Louis and Hervé about where they live. For each person, they answer three questions: *Où habites-tu? C'est comment, là où tu habites? Penses-tu rester dans ta région?*

Answers:

Agnès:

a *J'habite à Nantes, au centre-ville.*

b *La ville est à la fois historique et moderne, jeune et vivante. On y trouve beaucoup de choses à faire et à voir. C'est une région très agréable, calme mais intéressante.*

c *Je vais aller à l'université ici et plus tard, j'espère travailler ici.*

Jean-Louis:

a *J'habite une ferme près d'une petite ville de Corrèze.*

b *C'est une région très rurale, sans industrie.*

c *Après avoir fait mes études agricoles à Limoges, je voudrais revenir en Corrèze.*

Hervé:

a *J'habite à Lille, une grande ville du Nord.*

b *C'est une région très sympa, très dynamique avec beaucoup de choses à faire.*

c *J'aimerais rester ici ou partir en Angleterre.*

CD 1 track 3   **p. 9, activité 1**

Agnès Gauthrot

J'habite à Nantes, en Loire-Atlantique. C'est une ville de 500 000 habitants, à la fois historique et moderne: il y a des vieux quartiers mais aussi des industries et une université.

C'est une ville jeune et vivante: il y a beaucoup de choses à faire et à voir. J'habite au centre-ville, c'est pratique pour sortir. Je vais souvent au théâtre, au cinéma et à des concerts.

La région est très agréable: on est entre la mer et les plages de Bretagne et la campagne et les châteaux du Pays de la Loire! C'est une région calme mais intéressante.

L'année prochaine, je vais à l'université ici et plus tard, j'espère travailler à Nantes. Moi, je suis bien ici!

Jean-Louis Murel

J'habite une ferme à côté de Meymac, une petite ville de Corrèze. C'est une région très rurale, avec des forêts, des lacs et plus de vaches que d'habitants! Il n'y a pas d'industrie ici alors les gens partent. Il reste quelques agriculteurs, des artisans et des touristes l'été!

J'aime la campagne, me promener avec mes chiens, pêcher, travailler dans les champs avec mon père.

Vivre ici n'est pas toujours facile: les hivers sont froids et on ne sort pas beaucoup. Il n'y a pas d'activités pour les jeunes. Mais j'aime ma région et je veux y rester.

Je vais partir faire des études agricoles à Limoges et après, je voudrais reprendre la ferme de mes parents. Quitter la Corrèze? Jamais!

Hervé Langlais

J'habite à Lille. C'est la grande ville du Nord, avec plus d'un million d'habitants.

La région du Nord n'attire pas en général. On imagine une région industrielle, triste, où il pleut souvent. En fait, c'est une région très sympa, très dynamique, même s'il pleut! Il y a beaucoup de choses à faire pour les visiteurs et avec l'Eurostar, c'est pratique.

Les gens ici ont la réputation d'être tristes. C'est faux! Sortir, se retrouver pour faire la fête, on adore ça! Il y a beaucoup d'associations et de festivals.

L'année prochaine, je vais faire des études à l'université de Lille. J'aimerais devenir prof et rester dans ma région, ou alors partir en Angleterre. Ce n'est pas loin!

2 Students listen to an interview with Yousra and note her answers. The questions are the same as those in activity 1.

Answers:

a *J'habite à Mimet, au nord de Marseille, en Provence.*

b *Mimet est un village agréable et les paysages sont magnifiques. Provence est la plus belle région de la France.*

c *Après avoir fait mes études à Paris, je voudrais revenir en Provence.*

CD 1 track 4   **p. 9, activité 2**
Yousra Benbera
–   Où habites-tu?
–   Depuis un an, j'habite à Mimet, au nord de Marseille mais avant, on habitait dans la banlieue marseillaise.
–   C'est comment, là où tu habites?
–   Eh ben, Mimet est un village agréable, les paysages tout autour sont magnifiques, les gens sont sympas mais personnellement, je préfère la vie en ville. Marseille me manque! C'est la deuxième grande ville de France après Paris. C'est une ville cosmopolite, dynamique et très vivante. Pour moi, habiter en Provence, c'est une chance. C'est la plus belle région de France! Il y a la mer, la montagne, la campagne et surtout le soleil! En plus, elle ressemble un peu au pays de mes parents, la Tunisie!
–   Penses-tu rester dans ta région?
–   Je voudrais d'abord aller faire mes études à Paris parce que j'ai envie de connaître la vie dans la capitale. Après, oui, effectivement, je voudrais revenir travailler en Provence.

---

3 Students ask their partner the three questions from activity 1 and make a note of the answers.

4a Students copy out and complete the *Expressions-clés* using phrases from the three texts.

Example answers:
*J'habite à **Nantes**.*
*C'est une **ville à la fois historique et moderne**.*
*Ce n'est pas **loin**.*
*Il y a la mer, les plages, **la campagne et les châteaux**.*
*Il n'y a pas d'industries ici **alors les gens partent**.*
*Je vais **partir faire des études agricoles à Limoges**.*
*Je voudrais **reprendre la ferme de mes parents**.*
*J'espère **travailler à Nantes**.*
*J'aimerais **devenir prof et rester dans ma région**.*

4b Using the texts and *Expressions-clés* as a model, students write a short description of their own region.

Grammaire

The infinitive

This section reminds students of the infinitive form of the verb, the three typical infinitive endings (*-er*, *-ir* and *-re*) and different uses of the infinitive.

A Students search the texts on pages 8–9 for examples of *-er*, *-ir* and *-re* infinitives.

Answers:

-er	*-ir*	*-re*
travailler	*voir*	*faire*
se promener	*sortir*	*vivre*
pêcher	*partir*	*reprendre*
rester	*devenir*	
quitter		
se retrouver		

B Students search the texts for examples showing different uses of the infinitive.

Answers:

a   **after another verb:**
j'espère travailler – I'm hoping to work
j'aime ... me promener avec mes chiens, pêcher, travailler dans les champs – I like … going for walks with my dogs, fishing, working in the fields
je veux y rester – I want to stay there/here
je vais partir faire des études – I'm going to go away to study
je voudrais reprendre la ferme de mes parents – I'd like to take over my parents' farm
je vais faire des études – I'm going to study
j'aimerais devenir prof et rester dans ma région, ou alors partir en Angleterre – I'd like to become a teacher and stay in my home area, or go to England

b   **after a preposition:**
beaucoup de choses à faire et à voir – lots of things to do and see
c'est pratique pour sortir – it's handy for going out
pour faire la fête – to celebrate

c   **on its own:**
vivre ici n'est pas facile – living here isn't easy
Quitter la Corrèze? – Leave Corrèze?
sortir, se retrouver ... – going out, meeting up with each other …

C Students write three sentences about their own region, including examples of different uses of the infinitive.

Ici, aussi, on parle français

pages 10–11

Planner

Grammar focus

- The present tense

Key language

- Numbers: 70 and above
- *Je m'appelle ...*
  J'ai ... ans.
  J'habite à ...
  Je suis + nationality.
  Je parle/J'apprends + languages.
  Je vis avec + family.
  Je suis (lycéen/en première).
  Je passe (le bac).
  Je me passionne pour + hobbies.
  Je voudrais devenir + job.
  J'aimerais + future hopes.

Resources

- Students' Book pages 10–11
- CD 1 tracks 5–6
- Grammar Workbook page 32

 1a Students read and listen to an article about Tahiti. They fill in the missing numbers, choosing from the figures provided.

Answers:

1 *18 000*
2 *4 000*
3 *130*
4 *210 000*
5 *1880*
6 *1946*
7 *1987*

CD 1 track 5	p. 10, activité 1a

1 La Polynésie française se trouve dans le Pacifique, à 18 000 kilomètres de la France métropolitaine et à 4 000 kilomètres de la Nouvelle-Zélande. C'est un TOM (Territoire d'Outre-Mer), constitué de cinq archipels.

2 Ces archipels de 130 îles ont environ 210 000 habitants; la grande majorité habite à Tahiti, l'île principale. La capitale est Papeete. 70% de la population est d'origine polynésienne, 11,55% européenne, 4,3% asiatique et 14,2%

---

métisse. A Tahiti, on parle français et tahitien, qu'on étudie à l'école.

3 Au 18ᵉᵐᵉ siècle, deux marins anglais, Wallis et Cook, font connaître ces îles à l'Europe. En 1880, la France annexe l'archipel et en 1946, il devient un TOM: tous les habitants deviennent français. Depuis 1987, le mouvement indépendantiste se développe

4 Pour les touristes, Tahiti a l'image d'un paradis: climat agréable, lagons, fleurs et fruits exotiques. Pour les Tahitiens, par contre, vivre ici n'est pas facile: 20% des jeunes sont au chômage, l'économie est pauvre et ne se développe pas. Depuis quelques années, des programmes d'aide européens et français encouragent l'exploitation des ressources locales (par exemple, les huîtres).

1b To check gist comprehension, students choose a title for each paragraph of the article.

Answers:
1 *c* **2** *d* **3** *a* **4** *b*

1c To show more detailed comprehension of the text, students write a sentence about each point a–d in activity 1b.

Possible answers:

a *Deux marins anglais découvrent les îles polynésiennes au 18ᵉᵐᵉ siècle, la France annexe l'archipel en 1880 et il devient un TOM en 1946.*

b *Tahiti a l'image d'un paradis, mais la vie est difficile pour les Tahitiens à cause du chômage et de l'économie pauvre.*

c *La Polynésie française se trouve dans le Pacifique à 18 000 kilomètres de la France.*

d *La plupart des 210 000 habitants de la Polynésie française se trouvent à Tahiti.*

2a Sammy's postcard, written mostly in the present tense, provides a glimpse into the life of a Tahitian teenager. Students copy out and complete Sammy's form using details from the postcard.

Answers:
nom: *Sammy Rotua*
âge: *17 ans*
domicile: *Tiarei*
nationalité: *français, d'origine polynésienne*
langues parlées: *français, tahitien, anglais*
famille: *mère, un frère, deux sœurs*
occupation: *lycéen*
passe-temps: *le sport, le boogie*
projets: *devenir prof de sport et travailler à Hawaii*

2b Students listen to an interview with Sammy and check their answers to activity 2a.

CD 1 track 6   **p. 11, activité 2b**

- Bon. Alors, d'abord, ton nom? Comment t'appelles-tu?
- Je m'appelle Sammy, Sammy Rotua.
- Bien. Et tu as quel âge?
- J'ai 17 ans.
- D'accord. Et ton domicile … Tu habites où?
- J'habite à Tiarei, à 25 km de Papeete, la capitale de Tahiti.
- Quelle est ta nationalité?
- Je suis français, d'origine polynésienne.
- Et quelles langues est-ce que tu parles?
- Je parle français, tahitien et j'apprends l'anglais.
- Hmm. Combien êtes-vous dans ta famille?
- Eh bien, je vis avec ma mère, mon frère Eddy et mes petites sœurs, Laetitia et Sabrina. Mon père est mort. Mais toute ma famille est à Tiarei, alors on se voit souvent.
- D'accord. Et ta profession – qu'est-ce que tu fais, Sammy?
- Je suis lycéen à Papeete. Je suis en première. Je passe le bac l'année prochaine.
- Et quels sont tes passe-temps?
- Oh, là, là! Je me passionne pour le sport, surtout le boogie! Je m'entraîne presque tous les jours depuis huit ans!
- Et quels sont tes projets?
- Je voudrais devenir prof de sport! Comme la vie est dure à Tahiti, je pars dans deux ans à Hawaii. J'aimerais rester ici parce que j'adore mon île, mais il n'y a pas assez de travail.
- Je te remercie, Sammy.
- *Nana!* … *Nana*, ça veut dire 'au revoir' en tahitien!
- Ah bon, alors *nana*!

2c Referring back to their notes and to the text on page 11, students build a text about Sammy. This practises the third person singular of the present tense.

Example answer:
Il s'appelle Sammy Rotua. Il a 17 ans.
Il habite à Tiarei, pas loin de Papeete, la capitale de Tahiti.
Il est français, d'origine polynésienne. Il parle trois langues: le français, le tahitien et l'anglais.
Il vit avec sa mère, son frère Eddy et ses deux petites sœurs, Laetitia et Sabrina. Son père est mort.
Il est lycéen à Papeete. Il est en première et il passe le bac l'année prochaine.
Il se passionne pour le sport, surtout le boogie.
Il voudrait devenir prof de sport et il s'entraîne presque tous les jours.

Il aimerait rester à Tahiti parce qu'il adore son île. Mais il n'y a pas assez de travail, donc il part à Hawaii dans deux ans.

3 Using Sammy's form as a model, students fill out a form for their partner. They then ask their partner questions to confirm the details. This practises asking questions using the second person singular.

4 Students write a postcard about themselves, using the phrases underlined in Sammy's text as a framework.

en plus Refer students to the last paragraph of Sammy's postcard, where he says *La vie est dure à Tahiti*. Ask them to consider why exactly life might be hard, e.g. *l'économie est pauvre, il y a beaucoup de chômage*. This could lead to a discussion about life in French territories.

Grammaire

The present tense

This section focuses on present tense verbs and different uses of the present tense.

A Students search the article on French Polynesia and Sammy's postcard for verbs in the present tense. They are asked to find at least one example for each type of infinitive (*-er*, *-ir* and *-re* infinitives).

Answers:

-er	*-ir*	*-re*
se trouve	*ont*	*est*
habite	*devient*	*font*
parle	*deviennent*	*sont*
étudie	*a*	*suis*
annexe	*ai*	*apprends*
se développe	*se voit*	*vis*
encouragent	*pars*	*vit*
m'appelle		*prends*
habite		
me lève		
passe		
me passionne		
m'entraîne		
travaille		
adore		

B This activity focuses on when to use the present tense. Students match the list of different uses of the present tense (a–f) to the example sentences (1–6).

Answers:
1 *d*   **2** *f*   **3** *a*   **4** *b*   **5** *e*   **6** *c*

C Students find additional examples of uses a–f in the two texts on this spread.

Answers:
Various answers are possible, e.g.
a *70% de la population est d'origine polynésienne.*
b *Je me lève très tôt le matin.*
c *Depuis 1987, le mouvement indépendantiste se développe.*
d *En 1880, la France annexe l'archipel.*
e *Je passe le bac l'année prochaine.*
f *La Polynésie française se trouve dans le Pacifique.*

C'est français!

pages 12–13

Planner

Grammar focus
♦ Genders

Key language
♦ Dates
♦ *inventer, mettre au point, avoir l'idée de, décider l'ouverture de*
♦ *Le (La) premier(ère) ... vient de* + name/person.
   le premier à + infinitive
   Sans (lui), pas de (carte de crédit).
   Ceci grâce à + name/person.
   C'est l'arrière-grand-père de ...
   Avec cet appareil inventé en/par ...
♦ *C'est assez pour entrer dans l'histoire de ...*

Resources
♦ Students' Book pages 12–13
♦ CD 1 tracks 7–8
♦ Grammar Workbook page 4

1a Students study the list of inventions and guess which three are not French.

Answers:
l'accordéon, le croissant, le téléphone portable
(Further details: the accordion and the croissant were both invented in Austria, in 1829 and 1683 respectively; the first mobile phone call is attributed to American engineer, Martin Cooper, in 1973)

1b Students listen to check their answers to activity 1a. They note down the date of each invention.

This recording provides an opportunity to revise high numbers and dates, and to practise French vowel sounds (see also the *Phonétique* section on the *Au choix* page, page 17).

CD 1 track 7 p. 12, activité 1b

Voici la liste de quelques inventions françaises:
la première calculatrice, en 1664
le restaurant, en 1766
le parc d'attractions, en 1771
le parachute, en 1783
la boîte de conserve, en 1795
le stéthoscope, en 1816
la machine à coudre, en 1830
la douche, en 1872
la poubelle, en 1884
l'hélicoptère, en 1907
le sac à dos, en 1930
le bikini, en 1946
la carte à puce, en 1974

---

2 Students listen to the recording and read the texts on page 13. They match each audio clip to a picture of a French invention.

Answers:
1 *E* 2 *D* 3 *G* 4 *F* 5 *I* 6 *B* 7 *H* 8 *C* 9 *A*

CD 1 track 8 p. 12, activité 2

A Louis Réard, ingénieur suisse devenu dessinateur de mode, invente le maillot de bain deux-pièces. C'est très choquant à l'époque! Il faut attendre les années soixante pour voir ce maillot à la plage.

B Trois frères, Victor, Alfred et Gabriel Lafuma, inventent un accessoire essentiel pour tous les écoliers, les ados et les vacanciers: un sac solide, en toile, à porter sur le dos.

C Le premier geste écologique vient du préfet de Paris à la fin du 19ème siècle. Il impose aux Parisiens de mettre leurs déchets ménagers dans une grande boîte qui prend son nom: il s'appelle Eugène Poubelle.

D L'inventeur Roland Moreno adore les gadgets et met au point une carte avec un microcircuit électronique. Sans lui, pas de carte de crédit, pas de carte téléphonique ni de carte SIM dans les portables!

E Un homme d'affaires, M. Boutin, décide l'ouverture d'un jardin de loisirs à Paris, le Tivoli, avec des manèges (réservés aux adultes). C'est l'arrière-grand-père des parcs à thème comme Disneyland!

F C'est l'accessoire préféré des personnages des séries comme *Dr House* ou *Urgences*! Avec cet appareil inventé par le docteur Laënnec, on peut écouter les bruits du cœur et des poumons.

G Aujourd'hui, un Français mange plus de 50 kilos d'aliments en boîte par an, ceci grâce à Nicolas Appert qui stérilise pour la première fois des aliments dans des pots en verre, pour nourrir les armées napoléoniennes.

> **H** Paul Cornu est le premier à décoller dans un appareil à hélices (avec une selle et quatre roues de bicyclette!) à 1,50 m du sol, pendant quelques secondes. C'est assez pour entrer dans l'histoire de l'aviation!
>
> **I** Jusqu'au milieu du 18ème siècle, un restaurant est un bouillon vendu dans la rue, une sorte de soupe qui redonne des forces. Boulanger, un vendeur de bouillon, a l'idée de servir ses clients sur des tables dans une boutique. On connaît la suite!

3 In pairs, students play a game of noughts and crosses using the pictures in the grid. To win a square, they must give at least two details about the invention illustrated.

Increase the challenge of this activity by asking students to give details from memory, or by making it competitive, e.g. students have to give more information than their partner. Extend further by asking students to repeat what their partner has just said then add an extra detail, e.g.

Student A: *Le premier parc d'attractions ouvre à Paris en 1771.*

Student B: *Le premier parc d'attractions ouvre à Paris en 1771. C'est une idée d'un homme d'affaires. Euh ...*

Student A: *Le premier parc d'attractions ouvre à Paris en 1771. C'est une idée d'un homme d'affaires qui s'appelle M. Boutin. Il y a des manèges.*

Student B: *Le premier parc d'attractions ouvre à Paris en 1771. C'est une idée d'un homme d'affaires qui s'appelle M. Boutin. Il y a des manèges qui sont réservés aux adultes ...*

Grammaire

Genders – masculine/feminine

Students are reminded that knowing the gender of a noun can help them to:
- choose the correct determiner, e.g. *le/la*, *un/une*, *du/de la*, etc.
- use the correct pronoun, e.g. *il/elle*
- make appropriate agreements with adjectives and past participles.

To help students identify genders, some typical endings for masculine and feminine nouns are listed.

A Students refer to the notes on typical masculine and feminine endings to help them work out genders in the text *Le Minitel existe en France avant le Web*.

Once they have established the gender of the nouns, they fill in the gaps and add any agreements necessary.

Answers:

1 *le lancement* (masculine ending in *-ment*)

2 *la consultation* (feminine ending in *-tion*); *la messagerie instantanée* (feminine ending in *-rie*)

3 *la distribution, gratuite* (feminine ending in *-tion*); *la sécurité, garantie* (feminine ending in *-té*)

4 *l'avantage principal* (masculine ending in *-age*); *un réseau international* (masculine ending in *-eau*)

---

4 Students should read the notes in the *Grammaire* section before doing this activity. They look at texts A–I about French inventions and try to work out the gender of the underlined words using the *Grammaire* notes to help them.

For words whose endings aren't listed as typical masculine or feminine endings in the *Grammaire* section, encourage students to look for other clues to gender, e.g. adjective agreements.

Answers:

ingénieur (m) (*-eur* is typical masculine ending; name of profession)

l'époque (f) – (impossible to work out the gender from the text or the ending)

accessoire (m) – (not a typical masculine ending, but agreement of *essentiel* is masculine)

déchets (m) – (the adjective *ménagers* is masculine)

ouverture (f) – (typical feminine ending)

manèges (m) – (adjective *réservés* is masculine)

personnages (m) – (typical masculine ending)

appareil (m) – (*cet* and *inventé* are masculine)

cœur (m) – (*du* is masculine)

aliments (m) – (typical masculine ending)

armées (f) – (typical feminine ending; *napoléoniennes* is feminine)

bicyclette (f) – (typical feminine ending)

en plus Students research and write about another French invention or an invention from their own country, using the texts on this spread as models.

Trombinoscope

pages 14–15

Planner

Skills focus

♦ Using a bilingual dictionary
♦ Writing a brief description

Key language

♦ *tout d'abord, puis, ensuite, suite à cela, finalement*
♦ *à partir de, à 13 ans, en 1990, pendant trois ans, avant de, jusqu'à*
♦ *Il/Elle (naît/grandit/a une enfance ...).*
♦ *Il/Elle (participe à des émissions/obtient des rôles/reçoit un prix/met son talent et sa popularité au service de ...).*
♦ *Il/Elle (étudie/obtient un diplôme/est nommé(e)/est élu(e)/commence une vie de .../devient/crée ...).*
♦ *bavard(e), beau (belle), courageux(euse), déterminé(e), drôle, énergique, généreux(euse), honnête, intelligent(e), naturel(le), simple, sympa, sympathique, volontaire*

Resources

♦ Students' Book pages 14–15
♦ CD 1 tracks 9–12

1a Students match the photos of famous personalities to the correct captions.

Answers:
1 *Diam's*
2 *Nicolas Hulot*
3 *Ségolène Royal*
4 *Jamel Debbouze*
5 *Mimi Mathy*
6 *Zinédine Zidane*
7 *Yannick Noah*
8 *Sophie Marceau*

 **1b** Students listen to check their answers to activity 1a. They note an extra detail about each person as well as an adjective used to describe them.

Extend by pausing the recording and varying the listening activities, e.g.

♦ students predict what they are likely to hear about the celebrity, then listen to check
♦ in groups, students pool together all the information they understand. Groups then report

back to the class to build up a complete portrait of the celebrity.

Answers:
Various extra details are possible: see transcript.
Possible adjectives are:
1 *volontaire*
2 *beau, intelligent*
3 *déterminée, courageuse, drôle*
4 *sympa, généreux*
5 *belle, naturelle, sympathique*
6 *simple, honnête, sympa, généreux*
7 *bavard*
8 *énergique, courageuse*

CD 1 track 9 **p. 14, activité 1b**

Alors, le numéro 1, c'est Ségolène Royal. C'est la première femme à atteindre le second tour des élections présidentielles, en 2007. Elle a perdu mais moi, je l'aime bien! Elle est très volontaire. C'est une femme politique, mais elle est aussi avocate et mère de quatre enfants. Bravo, Madame Royal!

Le numéro 2, c'est Nicolas Hulot. Il fait des émissions de télé sur la nature qui sont vraiment super, et il travaille beaucoup pour protéger notre planète. Il se passionne vraiment pour ça. En plus, il est beau et il est intelligent! Nicolas Hulot, pour moi, c'est l'homme idéal!

Le numéro 3, c'est Mimi Mathy, un humoriste très célèbre. Elle est toute petite, elle mesure 1,32 m (elle est atteinte de nanisme) mais c'est une femme très déterminée et très courageuse. Elle a un grand talent: elle est très très drôle! Moi, je l'adore!

Le numéro 4, c'est Yannick Noah, ancien champion de tennis et maintenant, chanteur. Comme il a deux pays (la France, par sa mère, et le Cameroun, par son père), sa musique est un super mélange de styles. Yannick Noah a l'air très sympa, très généreux. Il s'occupe beaucoup d'enfants en difficulté avec sa mère, Marie-Claire Noah.

Le numéro 5 – Sophie Marceau! Son premier rôle, c'était dans *La Boum*, un film sorti en 1980. Elle avait 14 ans. Depuis, elle a une carrière internationale: elle a joué dans James Bond avec Pierce Brosnan et dans *Braveheart* avec Mel Gibson. C'est une femme très belle et aussi très naturelle et très sympathique.

Le numéro 6, c'est Zinédine Zidane. Moi, je n'aime pas le foot, mais j'aime bien Zidane. Il est né à Marseille, de parents algériens, comme moi. C'est une vraie légende pour les enfants des banlieues. Moi, je le trouve simple, honnête, sympa et généreux ... et même malgré son coup de tête dans la finale de la Coupe du Monde en 2006!

Le numéro 7, c'est Jamel Debbouze. Il est né au Maroc et il est venu habiter en France, dans une banlieue de Paris, en 79. Il perd un bras après un accident mais ça ne l'empêche pas de faire du cinéma! Les jeunes l'adorent et lui, il parle souvent pour eux … et Jamel, il a beaucoup de choses à dire et il est très très bavard!

Le numéro 8, c'est Diam's. Son vrai nom, c'est Mélanie Georgiades. Elle est née à Chypre, de mère française et de père chypriote. Le rap, c'est sa passion et à 15 ans, elle rappe dans des groupes. A 18 ans, elle rappe en solo. Moi, je l'admire, elle est énergique et courageuse, parce qu'être une fille dans le monde macho du rap, ce n'est pas facile!

2a Students read the portrait of ecologist Nicolas Hulot and sort the sentences into the correct sequence.

Answers:
1 *C* 2 *E* 3 *A* 4 *F* 5 *B* 6 *D*

 2b Students listen to check their answers to activity 2a and note any extra details to add to the portrait.

Answers:
extra details: *ses parents se séparent, son père meurt d'un cancer quand Nicolas a 15 ans et son frère se suicide quatre ans après; sa mère rêvait de le voir médecin ou avocat; il fait ses premières émissions sur la moto, une de ses passions; de nombreux accidents pour préparer l'émission 'Ushuaïa'; il est le porte-parole préféré des Français pour les questions d'environnement; plus de 500 000 personnes signent le Pacte*

CD 1 track 10	p. 15, activité 2b

Nicolas, fils d'un aventurier, naît à Lille en 1955. Il a une enfance tragique avec des problèmes familiaux: ses parents se séparent, son père meurt d'un cancer quand Nicolas a 15 ans et son frère se suicide quatre ans après.

Tout d'abord, Nicolas devient photo-reporter et, en 1973, commence une vie de voyages et d'aventures dans des conditions difficiles et dangereuses. Ceci est loin du rêve de sa mère, qui était de le voir médecin ou avocat!

Ensuite, de 1978 à 1987, il est journaliste à la radio: il partage ses aventures extrêmes avec le public. Il fait ses premières émissions sur la moto, une de ses passions.

Puis, à partir de 1987, il présente une des émissions préférées des Français, *Ushuaïa*, sur

l'aventure extrême et la nature. Nicolas a eu de nombreux accidents pour préparer cette émission mais rien ne l'arrête!

Suite à cela, il crée, en 1990, la fondation Nicolas-Hulot pour la découverte et la protection de l'environnement. Nicolas est le porte-parole préféré des Français pour les questions d'environnement.

Finalement, son engagement l'amène, en 2006, à créer le Pacte écologique pour imposer l'écologie dans la vie politique. Plus de 500 000 personnes signent le Pacte.

3a Students complete comedian Jamel Debbouze's portrait with the correct form of the appropriate verbs in the present tense.

At this point, you may wish to look at *Grammaire active* (page 16) which focuses on the present tense.

Answers:
naît, grandit, perd, devient, encourage, participe, fait, obtient, reçoit, met

 3b Students listen to check their answers to activity 3a.

CD 1 track 11	p. 15, activité 3b

Il naît au Maroc en 1975 et grandit à Trappes, une banlieue chaude de Paris. A 13 ans, il perd l'usage de son bras droit après un accident. Comment ce petit banlieusard, fils d'immigrés et handicapé, devient-il l'un des acteurs les mieux payés de France et l'idole des jeunes?

En 1990, un éducateur, impressionné par son talent, encourage Jamel à faire de l'improvisation théâtrale. Très vite, il participe à des émissions de radio et en 1999, il fait son premier one-man-show à la télévision.

Il obtient des rôles de plus en plus importants, dans des films comme *Le Fabuleux Destin d'Amélie Poulain* et *Astérix et Obélix: Mission Cléopâtre*. En 2006, il reçoit un prix pour son film *Indigènes*, sur le sort des soldats nord-africains pendant la Deuxième Guerre mondiale.

Bavard, drôle et provocateur, Jamel met son talent et sa popularité au service de la jeunesse déshéritée. Un clown au grand cœur!

Compétences (1)

Using a bilingual dictionary

A This activity focuses on words with multiple meanings. Students look up the meanings of the underlined words in the activity 3a text.

Answers:

chaude: hot/warm/violent/dangerous
droit: right /straight
émissions: programmes/broadcasts/emissions
prix: prize/price/cost/award
sort: fate/spell
service: service/duty

---

4 Students choose one of the two portraits (Nicolas Hulot or Jamel Debbouze) and translate it into English with the aid of a dictionary. Before doing this, they should work on *Compétences (1)*.

Note that the Nicolas Hulot translation below includes details from the recording as well as from the Students' Book text.

Answers:
Nicolas Hulot:

Nicolas was born in Lille in 1955, the son of an explorer. He had a tragic childhood, with family problems: his parents separated, his father died of cancer when Nicolas was 15, and four years later his brother committed suicide.
First, he became a photo journalist, and in 1973 he began a life of travelling and adventures in difficult and dangerous conditions. This was a far cry from his mother's dream of seeing her son become a doctor or a lawyer!
Then, from 1978 to 1987, he became a radio reporter: he shared his extreme adventures with the public. His first broadcasts were about motorbikes, one of his passions.
Then, from 1987 onwards, he presented one of France's favourite programmes, 'Ushuaïa', about ultimate adventure and nature. Nicolas had a lot of accidents producing this programme but nothing stopped him!
After this, in 1990, he set up the Nicolas Hulot Foundation for the discovery and protection of the environment. Nicolas was France's favourite spokesman on environmental matters.
Finally, in 2006, his commitment to the environment led him to set up the Ecological Pact, to bring environmental concerns into politics. More than 500,000 people signed the Pact.

Jamel Debbouze:

He was born in Morocco in 1975 and grew up in Trappes, a dangerous suburb of Paris. At the age of 13, he lost the use of his right arm after an accident. How did this nobody from the suburbs, the handicapped son of immigrants, become one of the most highly paid actors in France and a teenage idol? In 1990, a teacher who was impressed by Jamel's talent encouraged him to do some improvisation on

stage. Very soon, he was taking part in radio broadcasts, and in 1999 he did his first one-man show on television.
He played bigger and bigger roles, in films like 'Le Fabuleux Destin d'Amélie Poulain' and 'Astérix et Obélix: Mission Cléopâtre'. In 2006, he received an award for his film 'Indigènes' about the fate of North African soldiers during the Second World War. Talkative, funny and provocative, Jamel uses his talent and popularity to help underprivileged young people. A clown with a big heart!

 5a Students listen to the brief biography of French politician Ségolène Royal. They note one or more details about her birth and childhood, private life, studies and career.

Answers:
a *née à Dakar, père militaire, part habiter en Martinique, s'installe en France; quatrième de huit enfants, enfance difficile, père très strict*
b *jusqu'à 2007, un compagnon, François Hollande; pacsés mais pas mariés; quatre enfants; maintenant séparés*
c *très bonne élève; étudie la politique dans une grande école; obtient un diplôme d'avocat en 1994*
d *1978: membre du Parti socialiste; 1981: nommée conseillère du président de la République; 1988: élue députée; 1992: ministre de l'environnement; 2007: candidate aux élections présidentielles, perd contre Nicolas Sarkozy*

CD 1 track 12　　　　　　　　**p. 15, activité 5a**

– Où naît Ségolène Royal?
– Elle naît à Dakar, au Sénégal en Afrique, où son père est militaire. Ensuite, la famille Royal part habiter en Martinique pendant trois ans avant de finalement s'installer en France.
– Elle a des frères et des sœurs?
– Oui, elle est la quatrième de huit enfants, trois filles et cinq garçons!
– Comment est son enfance?
– Elle a une enfance difficile parce que son père, militaire, est très strict, surtout avec ses filles. Ségolène est heureuse de partir loin de chez elle pour aller au lycée.
– Est-elle mariée?
– Jusqu'en 2007, elle avait un compagnon, François Hollande, un homme politique socialiste qu'elle a rencontré dans les années 70. Ils étaient pacsés mais pas mariés. Ils ont quatre enfants, deux filles et deux garçons. Ils sont maintenant séparés.
– Qu'est-ce qu'elle fait comme études?
– Elle adore étudier et elle est très bonne élève. Elle étudie la politique dans une des plus grandes écoles de France. Elle obtient aussi un

---

diplôme d'avocat en 1994.
- Quand et comment commence-t-elle sa carrière de femme politique?
- En 1978, elle devient membre du Parti socialiste. En 1981, elle est nommée conseillère du président de la République. En 1988, elle est élue députée. Elle devient ministre de l'environnement en 1992. En 2007, elle est candidate aux élections présidentielles. Elle perd contre Nicolas Sarkozy mais elle continue le travail du Parti socialiste.

Compétences (2)

Writing a brief description

This section gives students advice on how to write a well-structured and interesting description, e.g. a biography.

A Students write a paragraph about themselves, using the link words underlined in activity 2a as a framework.

5b Students write a brief biography of Ségolène Royal, using their notes from activity 5a. Before doing this, they should work on *Compétences (2)*.

en plus Students write a description or biography of their favourite celebrity and present it to the class. The class then vote for their Top 5 celebrities.

Grammaire active

page 16

Planner

Grammar focus
♦ The present tense

Resources
♦ Students' Book page 16

The present tense

This section focuses on use of the present tense, and reminds students of regular present tense endings. It points out that tenses are not necessarily used in the same way in French as they are in English.

1 Students write a short paragraph about themselves, covering four different uses of the present tense: to speak generally about themselves; to say what they

are doing now; to say what they do regularly; and to say what started in the past, is still going on and is likely to continue into the future.

2 Students read and translate an email containing examples of differing uses of tenses in French and English. The French text uses the present tense throughout, whereas a range of tenses are required in the English translation.

Answers:
Hello Amy, it's Claire!
This is the first email I've written to you in a long time!
You know that I've been playing the violin since I was five years old? Well, now I live in Paris and I've been studying at the Conservatoire for two years!
I play regularly in a string quartet. At the moment, we're rehearsing to give a new recital in a month's time. And guess where? In London! I'll be arriving on 5 October.
It will be the first time I've played abroad. It's great! I've been waiting for this moment for a long time! Shall we meet up in London in a café?

3 Students list as many verbs as possible that have the present tense endings shown in Rappel.

4 Students translate the English sentences into French. This activity shows that all these sentences can be translated by the present tense in French, even though the present tense isn't necessarily used in English.

Answers:
a *Je vais au cinéma une fois par semaine.*
b *Je vois ma copine/mon amie Katya demain.*
c *Nos devoirs sont finis. Qu'est-ce que nous faisons maintenant?*
d *Je connais Marie depuis janvier.*
e *Ils attendent leurs résultats d'examen depuis longtemps.*

Au choix

page 17

Planner

Skills focus
♦ Learning and recording vocabulary
♦ Pronunciation: French vowels and the rhythm of spoken French

Resources
♦ Students' Book page 17
♦ CD 1 tracks 13–15

1a Students listen to the recording and connect the regions with the photos.

S *Answers:*
A *3*   **B** *2*   **C** *1*

CD 1 track 13   **p. 17, activités 1a et 1b**

1 – Tu es d'où?
  – Moi, je suis de Bretagne.
  – Tu peux nous décrire un peu ta région?
  – Euh, ben … quand on pense à la Bretagne, on pense surtout à la mer bien sûr, hein, tout autour. La côte avec les plages de sable et la côte avec les petits ports de pêche … Et puis, on pense aussi aux maisons bretonnes typiques: blanches avec les toits gris.
  – Oui, d'accord.
2 – Donc toi, tu viens de la vallée de la Loire?
  – Oui, de Saumur.
  – Bien, alors, en quelques mots, c'est comment, ta région?
  – Eh bien, c'est … c'est très vert, il y a des champs, des vignobles, on dit que c'est le Jardin de la France. Et puis, il y a l'eau … l'eau du fleuve, de la Loire, et puis, aussi je pense, les châteaux, les célèbres châteaux de la Loire.
  – D'accord, oui.
3 – Et donc, toi, tu es de la région …?
  – De la région Rhône-Alpes. Je viens de Grenoble.
  – OK, alors, ta région, en quelques mots …
  – Eh bien, c'est une région superbe, avec ses paysages de vallées et de montagnes qui dominent, la neige éternelle sur les sommets et puis bien sûr, les chalets, ces maison faites avec du bois.
  – D'accord, merci.

1b Students listen again and note three key words for each region.

S *Answers:*
1 *Bretagne: mer, côte avec plages et ports, maisons bretonnes*
2 *Loire: jardin (de la France), eau, châteaux*
3 *Rhône-Alpes: montagnes, neige, chalets*

1c Students explain which region they prefer and why, using the key vocabulary from the recording.

2 This oral activity can be done in groups. Students give a 'mystery description' of a place, a celebrity or an invention. The class listen and guess who or what is being described.

3 This activity gives students the opportunity to write a short text on a topic of their choice (self-portrait, their town/region or a celebrity).

Phonétique

Vowels and rhythm

This section focuses on the pronunciation of French vowels and the rhythm of spoken French.

A Students look at a list of cognates and listen to them being pronounced in French and English. This provides an opportunity to compare the differences between French and English vowel sounds.

CD 1 track 14   **p. 17, Phonétique, activité A**

– *In English we say: grade*
– En français on dit: grade
– *queue* – queue
– *mine* – mine
– *sole* – sole
– *mule* – mule
– *blouse* – blouse
– *fête* – fête

B Students listen and compare a French sentence with its English translation. This provides an opportunity to focus on the difference in rhythm between French and English: in French, the syllables tend to be more regular, whereas in English certain syllables are stressed more than others.

CD 1 track 15   **p. 17, Phonétique, activité B**

– Elle est la première femme candidate à atteindre le second tour des élections présidentielles.
– *She is the first woman to reach the second round of the presidential elections.*

Compétences

Learning and recording vocabulary

This section encourages students to focus on different ways of learning and recording vocabulary, and suggests tips and strategies to help them learn effectively. Working in pairs, students discuss which vocabulary from this unit is worth memorising and how to go about doing that.

Unité 1   En famille et entre amis

Unit objectives

By the end of this unit students will be able to:

♦ Discuss family relationships
♦ Discuss friendships
♦ Talk about the pros and cons of marriage
♦ Discuss changes in family structure

Grammar

By the end of this unit students will be able to:

♦ Use inversion
♦ Recognise the perfect conditional
♦ Recognise the past historic

Skills

By the end of this unit students will be able to:

♦ Use different registers when speaking
♦ Use a monolingual dictionary
♦ Structure an argument for a debate

pages 18–19

1 Students read six newspaper headlines on the theme of the family and discuss which they find shocking.

2 Students look at a cartoon of a family and imagine the answers to six questions about their life.

 3 Students listen to a recording about the family life of a young couple. They answer the activity 2 questions again.

Answers:
a *Oui, depuis trois ans.*
b *Elle a dix mois.*
c *Le père est ingénieur en informatique et la mère est prof d'anglais.*
d *Ils habitent un petit appartement près de Bordeaux.*
e *Oui.*
f *Laura passe ses journées à la crèche.*

CD 1 track 16   **p. 19, activité 3**

La famille Roc est un modèle de famille française actuelle. Alain et Muriel sont mariés depuis trois ans. Alain s'est marié alors qu'il avait 30 ans et Muriel à l'âge de 27 ans. Ensemble, ils ont une petite fille, Laura, qui a aujourd'hui dix mois. Alain est ingénieur en informatique et travaille chez lui. Muriel est prof d'anglais dans un lycée de banlieue

---

de plus de deux mille élèves. Ensemble, ils habitent dans un petit appartement près de Bordeaux, une grande ville située dans le sud-ouest de la France. Ils aimeraient avoir un autre enfant mais ont peur de ne pas en avoir les moyens. En effet, les parents d'Alain sont tous les deux morts et ceux de Muriel habitent beaucoup trop loin – en Bretagne – pour s'occuper de Laura ou d'un nouveau bébé. De fait, Laura passe ses journées à la crèche et ses parents ne la voient que le soir après le travail et pendant les week-ends ou les vacances.

---

4 Students complete five statements on family life using their own words, then compare and discuss their answers with a partner.

5a Students choose two words from a list of nine which represent important qualities in a friend, then add a word of their own to their list. Compare the lists in class.

5b The class discuss six questions about friendship.

La vie de famille

pages 20–21

Planner

Grammar focus

♦ Inversion

Skills focus

♦ Using different registers when speaking

Key language

♦ *adopté(e), décédé(e)*
♦ *une famille (monoparentale/nombreuse)*
♦ *l'aîné(e), le cadet, la cadette*
♦ *une dispute familiale, la vie familiale*
♦ *se disputer avec, s'entendre bien avec*

Resources

♦ Students' Book pages 20–21
♦ CD 1 track 17

---

1 Students ask each other questions about their family and family life.

2a Students read an article about whether 'the typical family' still exists. They provide a subheading for each paragraph, then compare their ideas with a partner.

2b Students then complete two sentences to summarise each paragraph in their own words.

2c Students copy out the underlined phrases from the text and translate them into English.

Answers:

sous différentes formes – in different guises

son père étant décédé – as/because his father died

une famille monoparentale – a single-parent family

une famille nombreuse – a family with several children

le cadet – the youngest

ma demi-sœur – my half-sister/stepsister

une fête de famille – a family celebration

la vie de famille – family life

3a Students work in pairs to write a list of topics which provoke family arguments. They discuss their ideas in groups.

 3b Students listen to a father and son talking about family arguments and make notes in a grid in English.

Answers:

	Grégory	*Olivier*
appearance	*people criticise his clothes and hair*	*Grégory's clothes are strange, his hair is too long*
school	*he does his best*	*he thinks Grégory doesn't take it seriously*
smoking/drinking	*he doesn't smoke, he drinks only two or three beers at the weekend*	*he fears that Gregory smokes and drinks too much alcohol when he's with his friends*
friends	*his friends are very nice*	*likes most friends, worries about one or two*
solution	*his parents will have to accept that he has his own style*	*he would be able to calm down if Grégory would try harder at school*

CD 1 track 17 p. 20, activité 3b
Grégory
Des disputes en famille? Oui, il y en a, surtout au sujet de mon look. J'achète une nouvelle veste, ça

---

ne plaît à personne. Je me fais couper les cheveux, on dit qu'ils ne sont pas assez courts. Vraiment, je ne vois pas de solution sauf que mes parents comprennent que j'ai mon style à moi et que je ne vais pas le changer. Je fais de mon mieux à l'école, je ne fume pas et je ne bois que deux ou trois bières le week-end. J'ai des amis très sympa et je crois que ces choses-là sont plus importantes que mon look.

Olivier
Je m'inquiète surtout parce que Grégory ne semble pas prendre ses études au sérieux. Il passe une demi-heure à faire ses devoirs, puis il sort. Et quand je vois ce qu'il choisit de mettre quelquefois je m'inquiète encore plus. Avec ses vêtements bizarres et ses cheveux longs, on dirait qu'il n'est pas sérieux. J'aime la plupart de ses amis, mais un ou deux m'inquiètent quand même. J'imagine que Grégory fume et boit trop d'alcool quand il est avec eux. Mais si Grégory faisait un peu plus d'effort pour ses études, je pense que je pourrais me calmer.

4 Students read jumbled sentences recounting a family argument and put them in the correct order.

Answers:
c, g, b, h, a, d, f, e

Grammaire

Inversion

This section explains the use of inversion after speech.

A Students reread activity 4 and count the number of sentences with examples of inversion.

Answers:
sentences a, b, f, g, h

B Students search activity 4 for examples that use the extra 't' for ease of pronunciation.

Answers:
sentence f

C Students write an account of a family dispute. Encourage them to use some examples of inversion.

Compétences

Using different registers when speaking

This skills section explains what is meant by using different registers.

A Students read pairs of sentences describing difficulties at home. In each pair, the gist of the message is the same, but one sentence uses colloquial language and the other is more formal.

Students choose the sentences that would be most appropriate to use when talking to a teacher.

Answers:

1 *b*   **2** a   **3** *a*   **4** *a*   **5** *b*

B Students rewrite three colloquial sentences in a more formal style.

Suggested answers:

1   *Je ne m'entends pas très bien avec mon frère.*

2   *Ma mère travaille beaucoup et je la vois rarement.*

3   *Je ne veux plus voir ma belle-mère/C'est bien si je ne vois pas ma belle-mère trop souvent.*

---

5 Students write two paragraphs of about 100 words each on family life: one is a frank account for their diary, and the other is for a French teacher who is about to meet their parents for the first time.

Amitié ou conflit?

pages 22–23

Planner

Grammar focus

♦ Recognising the perfect conditional

Skills focus

♦ Using a monolingual dictionary

Key language

♦ *j'aurais dû* + infinitive, *j'aurais pu* + infinitive

Resources

♦ Students' Book pages 22–23
♦ CD 1 track 18
♦ Grammar Workbook page 79
♦ Copymasters 1, 2 and 3

1a Students read a series of texts about relationships with friends, posted on an Internet message board. They study a list of statements a–h and decide whether each one relates to Saïda, to Luc or to neither.

Answers:

Saïda – a, c, d, g

Luc – e, f

aucun – b, h

1b Students focus on five responses to Saïda's and Luc's messages. They study a list of eight statements and attribute them to the five responses.

Answers:

Yasmine – d, h

Raphaël – b, g

Hichim – a

Alice – e

Juliette – c, f

 2 This recording focuses on Saïda's and Luc's problems from the point of view of the two other people involved: Saïda's friend Louise, and Luc's girlfriend Antonéta. Students listen and complete a cloze summary.

Answers:

1	*dix*	**8**	*téléphonait*
2	*moments*	**9**	*souvent*
3	*compris*	**10**	*garçons*
4	*problèmes*	**11**	*jaloux*
5	*écouter*	**12**	*voir*
6	*compassion*	**13**	*expliquer*
7	*amusant*	**14**	*comprend*

CD 1 track 18   **p. 23, activité 2**

Louise

J'ai passé de bons moments avec Saïda et je suis triste de penser que je ne la verrai plus très souvent. On se connaît depuis dix ans, depuis l'école primaire en fait, et elle me manquera, j'en suis sûre. Mais, c'est aussi un nouveau départ pour moi. J'ai eu pas mal de difficultés avec mes parents ces derniers mois et je ne sais pas si Saïda a toujours bien compris. Quand je voulais lui expliquer ce qui se passait à la maison, elle s'intéressait plus à ses propres problèmes. Elle se demandait avec qui elle allait sortir et passer ses week-ends après mon départ. Je trouve qu'elle aurait pu m'écouter avec plus de compassion.

Antonéta

Au début j'aimais bien Luc. On est allés au cinéma plusieurs fois et on a beaucoup ri ensemble. Il est amusant. Après, il a pris l'habitude de me téléphoner le soir et le week-end et, après quelque temps, il le faisait de plus en plus souvent et ça m'énervait. Il n'aimait pas ça si je sortais avec d'autres garçons ou même si je parlais trop avec eux. Je crois qu'il était jaloux. Moi, je ne voulais pas abandonner mes autres amis et je ne voulais pas passer mes soirées au téléphone. Peu à peu, j'ai arrêté de répondre et j'ai décidé de ne plus le voir. Si je le rencontrais, je ne savais pas quoi dire. C'était gênant! J'aurais dû lui expliquer que je ne voulais plus le voir, mais j'avais un peu honte.

> Heureusement, je crois qu'il commence à comprendre maintenant.

Students consider the effects that other people can have on young people, e.g. problems caused by relationships with friends, peer pressure, etc.

C 1 Copymaster 1 provides additional activities based on these themes.

3 Students write about 150 words to describe a problem they have had with a friend. Guidelines are provided.

Grammaire

Definite and indefinite articles

Students are reminded that definite and indefinite articles, often omitted in English, are important in French, e.g. J'aime les films – I like films; Les jeux sont amusants – Game shows are fun; J'ai regardé des dessins animés – I watched (some) cartoons.

A Students read the sentences and decide which words would be omitted in English.

Answers:
1 *le/la*
2 *l'*
3 *des*

B Students look back at the texts they have studied so far in this unit and in the Passerelle unit. They find three examples of when definite and indefinite articles are used in French where they would not be used in English.

C Students translate the sentences into French.

Answers:
1 *J'adore les soirées DVD, mais je n'aime pas les sorties au match de foot.*
2 *Quand je téléphone avec des amis, je parle pendant des heures.*
3 *Tu as des problèmes avec tes parents?*

Compétences

Using a monolingual dictionary

This section provides advice on using a monolingual dictionary to find synonyms.

A Students look seven words up in a monolingual dictionary and find synonyms.

Answers:
Answers will vary depending on the dictionaries used, but might include:
1 *une discussion, une querelle*
2 *une relation, un lien*
3 *en finir avec, mettre fin à des relations avec, ne pas rester en contact avec*
4 *l'antagonisme, la lutte, la dispute*
5 *adorer*
6 *avoir horreur de, abhorrer, haïr*
7 *donner des conseils à, recommander*

C 5 Further activities to practise use of monolingual dictionaries are provided on Copymaster 5.

Pour ou contre le mariage?

pages 24–25

Planner

Skills focus
♦ Structuring an argument for a debate

Key language
♦ *ambitieux(euse), amusant(e), artistique, beau (belle), capricieux(euse), charmeur(euse), coléreux(euse), créatif(ive), doux (douce), égoïste, enthousiaste, extraverti(e), gentil(le), intelligent(e), musclé(e), sportif(ive), têtu(e), timide, travailleur(euse), violent(e)*
♦ *le divorce, le mariage*
♦ *le (la) partenaire, le (la) concubin(e)*
♦ *se marier, vivre en concubinage, se séparer*
♦ *célibataire, marié(e), divorcé(e)*

Resources
♦ Students' Book pages 24–25
♦ CD 1 track 19

1a Students answer four survey questions on marriage and the qualities they would look for in a partner.

1b In pairs, students compare their answers to the survey questions.

2 Students read seven statements on marriage and decide whether they agree with them, then compare their answers with a group of others.

3a Students read four short texts on marriage/living together and decide which writers are in favour of marriage.

Answers:
Pour: *Stéfane*
Contre: *Martin, Eloïse, Isabelle*

3b Students reread the texts together with statements a–f. They decide which writer's thoughts are summarised by each statement.

Answers:
Martin: c, d
Eloïse: a, f
Stéfane: e
Isabelle: b

 4 Students listen to two people talking about marriage and living together. They take notes, then summarise each person's argument and compare with a partner.

CD 1 track 19 p. 25, activité 4

Christophe

Je m'appelle Christophe et je suis marié depuis seulement deux ans. J'ai 27 ans et ma femme, Sylvie, a 29 ans. Pour nous deux, le mariage était quelque chose d'extrêmement important. Nos deux familles sont très catholiques et la cérémonie à l'église était un moment très émouvant pour tout le monde.

De plus, il y a tellement de couples qui se séparent aujourd'hui que je pense que le mariage est un bon moyen de rendre les choses plus durables. C'est très facile de changer de partenaire quand on vit seulement en concubinage et je pense que ces couples font moins d'efforts et de compromis que les couples mariés.

Sans compter bien sûr le problème des enfants. Je pense qu'il est très égoïste d'avoir des enfants sans être mariés. Ils n'ont pas de nom de famille fixe et en plus, cela peut créer de nombreux problèmes légaux si le couple se sépare.

Enfin, j'aime l'idée d'être le mari de Sylvie et pas seulement son petit ami ou son concubin. Ça fait tout de suite plus sérieux. Je crois vraiment que le mariage, c'est la plus belle épreuve d'amour qu'on peut donner à quelqu'un.

Claire

Je m'appelle Claire, j'ai 32 ans, et je vis avec Antoine depuis plus de huit ans. Nous nous sommes rencontrés à la fac alors que j'étudiais la géographie et qu'il passait son DEA d'histoire. Nous ne voulons pas nous marier pour plusieurs raisons.

Tout d'abord, nous ne sommes pas religieux et du coup, un mariage à l'église serait vraiment exclu!

De plus, quand on aime quelqu'un, un morceau de papier n'est pas vraiment important! L'important, c'est de montrer son amour et sa fidélité au jour le jour.

J'ai des amis qui ont vécu pendant longtemps en concubinage et qui se sont finalement mariés quand ils ont décidé d'avoir des enfants. Ils disent que c'est plus facile pour les documents officiels et que c'est un environnement plus stable pour leurs enfants. Moi, je crois personnellement que ce n'est pas une raison valable.

Je connais beaucoup de couples mariés qui se disputent et le taux de divorce est tellement élevé en France qu'être marié aujourd'hui ne garantit vraiment pas une vie ensemble pour toujours!

Grammaire

Adjectives

A Students copy and complete the rules about agreement and position of adjectives.

Answers:
describe ; agree ; after ; before

B Students find examples of other ways of forming feminine adjectives.

C Students choose a text they have read recently and find as many adjectives as they can, classing them under the four headings given.

D Students reread a text and note down adjectives that are placed before the noun.

E Students ccompare their lists from C and D with a partner.

---

5 Students write three paragraphs in answer to the question *Etes-vous pour ou contre le mariage?* They give arguments for/against and a personal opinion.

6 In groups, students debate the motion *Nous sommes pour le mariage.*

La famille en crise?

pages 26–27

Planner

Grammar focus

♦ Recognising the past historic

Key language

♦ *choquant, dommage, incroyable, intéressant, normal, surprenant*

♦ *Moi, je trouve que …*
Pour moi, il est important de …
Je suis convaincu(e) que …
Je crois personnellement que …

♦ *Je ne suis pas du tout d'accord parce que …*
Au contraire, moi je pense que …
En revanche, je crois plutôt que …
Oui, mais il ne faut pas oublier que …

Resources

♦ Students' Book pages 26–27
♦ CD 1 track 20
♦ Grammar Workbook page 52
♦ Copymasters 2 and 3

1a Students read statistics on family and marriage, then write sentences to explain selected figures.

Answers:

a *8,3 millions de femmes vivent seules en France.*

b *21% des familles élèvent trois enfants.*

c *En moyenne, les femmes en France ont 1,73 enfants.*

d *Il y a en France 1,2 millions de familles monoparentales.*

e *Les hommes se marient autour de 29 ans.*

1b Students give some opinions on the statistics from activity 1a. Some adjectives are supplied as prompts.

 2a Students listen to a report on changes in the structure of the French family and put seven summary headings into the correct order.

Answers:

c, e, a, g, b, d, f

CD 1 track 20   **p. 26, activités 2a et 2b**

La famille française n'est pas réellement en crise. Elle a beaucoup changé, certes, mais tous les sondages le montrent: la famille reste quelque chose d'extrêmement important pour l'écrasante

---

majorité des Français. Les changements, donc? Eh bien, il y en a plusieurs.

Les jeunes commencent à avoir des enfants plus tard dans la vie, plus près de l'âge de 30 ans que de 20 ans, généralement parce qu'ils décident de faire des études plus longues qu'auparavant.

La plupart des femmes continuent à travailler après leur mariage, ce qui n'était pas le cas auparavant. Faire garder des enfants coûte cher, et pour certaines femmes, être mère peut aussi devenir une forme d'handicap par rapport à une carrière.

Avec un taux de divorce record et un nombre de mariages en baisse, la France connaît une réelle crise du mariage. Les raisons sont complexes mais on peut par exemple citer comme explications possibles le déclin des valeurs religieuses et une acceptation plus générale par la société des couples non-mariés.

Le Pacte Civil de Solidarité est un statut juridique pour les couples non-mariés qui donne des garanties juridiques quasiment équivalentes à celles d'un mariage.

C'est un problème que connaissent beaucoup de pays occidentaux avec un nombre d'enfants par famille souvent inférieur à deux. Un chiffre qui s'explique par la généralisation des moyens de contraception et par certains aspects du mode de vie actuel. Ainsi, dans les grandes villes françaises, les logements sont souvent chers et étroits, ce qui dissuade beaucoup de familles d'avoir un très grand nombre d'enfants.

Beaucoup de personnes choisissent de vivre seules, de vivre en couple non-marié avec peu ou pas d'enfant, pour pouvoir profiter au maximum de leur liberté, de leurs loisirs ou des satisfactions liées à leur travail.

De nombreuses personnes vivent aujourd'hui loin de leurs parents, ce qui limite le nombre et le type d'activités familiales possibles. De fait, cela a aussi beaucoup réduit le rôle que les grands-parents jouent dans l'éducation de leurs petits-enfants.

 2b Students listen again and fill in gaps in a cloze summary.

Answers:

a *Les **jeunes** ont des enfants plus **tard** dans la vie.*

b *Etre **mère** peut être un **handicap** dans la carrière d'une femme.*

c *La France connaît une réelle crise du **mariage** avec un **taux** de divorce record.*

d *Le PACS est un statut **juridique** pour les couples **non-mariés**.*

e *Dans les grandes villes françaises, les **logements** sont souvent chers et **étroits**.*

f *Beaucoup de personnes choisissent de vivre **seules** pour **profiter** de leur liberté.*

g *De nombreuses personnes vivent aujourd'hui **loin** de leurs **parents**.*

3 Students write 150 words on the title *La famille traditionnelle est-elle en crise?* They are prompted to quote statistics, give their own examples and their personal opinion.

4 Students work in pairs imagining what subject might cause arguments between the pairs of family members listed. They then compare ideas in a group.

5 Students read a short extract from *Le Rouge et le Noir* by Stendhal. They work in pairs to match the list of English meanings to the words underlined in the text.

Encourage them to use context to help with this, considering which of the given meanings fits into each gap. In some cases, knowledge of word families should help, for example linking *perte* to *perdre*.

If your class might still find this difficult, work through it with them, discussing the sensible choices as you go.

Point out to any students applying to university to read French that if they choose a very literary course they will be studying whole novels in French, so this activity serves as a taster!

Answers:

1 *c*	**2** *f*	**3** *g*	**4** *k*	**5** *a*	**6** *h*
7 *e*	**8** *i*	**9** *b*	**10** *d*	**11** *j*	

Grammaire

Compétences

Students learn about structuring an argument for a debate.

A Students skim read the texts in this unit and note some ideas for and against the motion.

B Then students add one argument of their own to each list.

C Students read the Expressions-clés, then use them to plan three points they will make in favour of or against the motion.

D Students think of a counter-argument for the following points using the Expressions-clés.

4 Students invent a heading or a dialogue for each picture

5 Students debate in class the following theme:

Nous acceptons que les rapports humains ne comptent plus au 21ième siècle.

Grammaire active

page 28

Planner
Grammar focus
♦ Adjectives
Resources
♦ Students' Book page 28

Adjectives

1a Students imagine that the family in the cartoon is their own family. Students describe family members using a variety of activities.

1b Students read the two texts and note the adjectives.

1c Students choose the most dynamic word to complete each phrase.

Answers:

a *vital*

b *convaincantes*

c *solution cauchemardesque*

d *des disputes épouvantables*

e *miniscules*

Au choix

page 29

Planner
Resources
♦ Students' Book page 29
♦ CD 1 track 21

1a Students read three texts about teenager–parent relationships and answer questions in French.

Answers:

a *Benjamin*

b *Pierre*

c *Amanda*

d *Ses parents ont des idées différentes pour les vêtements, la musique, les sorties et les loisirs.*

e *Non, il dit qu'il ne voit pas comment il pourrait s'entendre avec ses parents.*

f *Elle pense qu'ils sont trop stricts.*

g *Elle devrait passer son temps à faire ses devoirs et à étudier.*

h *Parce qu'elle veut aussi sortir avec ses amis, regarder la télévision et aller au cinéma.*

i *Ils aiment des choses différentes, mais ils ne critiquent pas les choses qu'il aime.*

j *Parce qu'il ne veut pas décevoir ses parents.*

1b Students imagine a situation in which a teenager wants to go out and the parents are not keen. They work **either** alone to prepare a talk about this **or** in pairs to prepare a conversation to perform to the class. They have five minutes to prepare and should talk for one to two minutes. Some ideas are provided as prompts.

 2a Students listen to Alexis talking about his bachelor life. They copy out and fill in the grid.

S *Answers:*

emploi	*programmateur de jeux vidéo*
heures de travail	*8 h 50 à 18 h 00*
repas	*prend le petit déjeuner en s'habillant, mange un repas surgelé le soir*
activités: *le soir*	*ordinateur, lecture*
le samedi	*visite ses parents, cinéma*
le dimanche	*VTT, tennis*

CD 1 track 21   **p. 29, activité 2a**

Pendant la semaine je suis obligé de me lever à sept heures. Je me douche très vite et j'ai pris l'habitude de prendre mon petit déjeuner en m'habillant! Je sors vers huit heures et quart et j'essaie d'attraper le bus de huit heures vingt, ce qui ne marche pas toujours. D'habitude, j'arrive à ma destination à neuf heures moins vingt. Dix minutes plus tard, je commence à travailler. Mon boulot? Je suis programmateur de jeux vidéo, un job qui me plaît beaucoup.

Une fois le travail terminé – normalement à 18 heures – je rentre. Je préfère ne pas prendre le bus, j'aime rentrer à pied pour faire un peu de sport. J'avale un repas surgelé et je passe un peu de temps sur mon ordinateur. Je regarde rarement la télé, mais je lis toujours avant d'aller me coucher.

Le week-end, je sors beaucoup. Le samedi, je rends souvent visite à mes parents et le soir je suis souvent au ciné avec des copains. Le dimanche, je pars à la campagne faire un peu de VTT ou je

---

passe une partie de la journée sur les courts de tennis avec mon beau-frère. Résultat? Je suis toujours épuisé le dimanche soir et j'ai du mal à me lever le lendemain!

J'adore être célibataire parce que ça me permet d'avoir un maximum de liberté. Aussi, je pense qu'avec mon rythme de vie, je ne pourrais pas être un bon père ou un bon mari. Alors, pour l'instant, je veux profiter à fond de toutes les choses que je peux faire. Le reste, on verra plus tard!

 2b Students listen again to the final paragraph to find out whether Alexis is happy with his life. They explain why.

S *Answers:*

Oui, il dit qu'il adore être célibataire parce qu'il a un maximum de liberté.

 2c Students note whether Alexis would like to marry and have a family.

S *Answers:*

Il ne sait pas. Pour l'instant, il profite de sa liberté et après il verra.

2d Students consider whether they would like to be single, noting five positive and five negative points. They discuss this with the rest of the class.

3 Students write 100–150 words on whether they get on better with their friends or their family. They are asked to give examples.

Unité 2   En pleine forme?

Unit objectives

By the end of this unit students will be able to:

♦ Discuss smoking and drinking
♦ Discuss the health risks of taking drugs
♦ Talk about healthy eating and eating disorders
♦ Discuss healthy lifestyles

Grammar

By the end of this unit students will be able to:

♦ Use impersonal verbs
♦ Use the relative pronoun *dont*
♦ Use the conditional
♦ Use present participles

Skills

By the end of this unit students will be able to:

♦ Talk about their rights and duties
♦ Write an opinion piece
♦ Use expressions for making suggestions

pages 30–31

1 Students guess whether eight statements on health and the French health system are true or false.

Answers:

a *Vrai*

b *Faux (au contraire, c'est plus bas que dans la plupart des pays développés)*

c *Faux (un sur trois)*

d *Vrai (avec l'Espagne et l'Italie)*

e *Vrai*

f *Vrai*

g *Vrai (mais on peut se faire rembourser après par la sécurité sociale)*

h *Faux (au contraire, ils en consomment plus que la plupart d'autres Européens)*

2 Students do a multiple-choice 'lifestyle' quiz designed to introduce the topics to be covered in this unit. They self-marks the quiz and compare their answers with a partner.

 3 Students listen to Marc describing his lifestyle. They decide how he would have answered the quiz questions and work out his points total.

Answers:

1 *a*	**2** *c*	**3** *a*	**4** *a*	**5** *b*
6 *c*	**7** *b*	**8** *c*	*(3 points)*	

CD 1 track 22   **p. 30, activité 3**

Moi, je sais très bien que je ne mange pas bien. D'abord, je ne mange jamais avant midi et lorsque le dernier cours finit je sors en ville avec mes amis. On ne trouve pas toujours le temps de déjeuner. J'achète un petit quelque chose, mais rien de nourrissant. Le soir j'ai grand faim, et je mange avec mes parents avant de sortir. Ma mère cuisine super bien. Le soir au café, je bois plusieurs bières et quelquefois je fume une cigarette ou deux. Mais autrement je ne fume pas, parce que je connais les risques. Pour une soirée spéciale, je dois avouer que je bois de tout et que je bois sûrement trop. Mais c'est assez rare. Je dois être en bonne forme, parce que j'adore le sport et je joue au foot et au tennis plusieurs fois par semaine. C'est bon pour éviter le stress, je trouve, du moins dans la mesure du possible.

---

4 Students invent extra questions for the quiz.

5 In groups, students ask each other the quiz questions. They calculate each other's points score and explain the correct answers.

Les drogues licites

pages 32–33

Planner

Grammar focus

♦ Impersonal verbs

Skills focus

♦ Explaining what you can do or have to do

Key language

♦ *Je peux* + infinitive.
  J'ai le droit de + infinitive.
  On me permet de + infinitive.
  On ne me permet pas de + infinitive.
  Je dois + infinitive.
  Je suis obligé(e) de + infinitive.
♦ *Il faut* + infinitive.
  Il ne faut pas + infinitive.
  Il s'agit de + noun or infinitive.
  Il vaut mieux + infinitive.
  Il convient de + infinitive.

Resources

♦ Students' Book pages 32–33
♦ CD 1 track 23–24
♦ Grammar Workbook page 72

---

1 Students guess whether statements on alcohol and tobacco consumption are correct, then listen to check their answers.

Answers:
see transcript

CD 1 track 23   **p. 32, activité 1**
En France …
a Faux. Le tabac est en vente libre.
b Faux. Il est interdit de fumer dans certains endroits.
c Faux. La vente d'alcool est interdite aux moins de 14 ans.
d Faux. Un jeune qui a entre 16 et 18 a le droit de boire du vin ou de la bière.
e Vrai. On n'a pas le droit de boire de l'alcool dans les établissements scolaires.
f Vrai. Dans les bars et les cafés, l'âge minimum est fixé à 16 ans.

---

2 Students read four short texts about teenagers' attitudes to smoking and alcohol. They fill in a grid to show whether the teenagers are or are not allowed to smoke and drink, or whether the situation is unclear.

Answers:

	allowed to smoke	*allowed to drink*
Victoria	✗	?
Florian	?	✗
Jules	✗	✓
Sarah	?	✗

Compétences

Explaining what you can do or have to do

A Students use the key expressions given to write a paragraph explaining what they are and are not allowed to do as regards smoking and drinking.

3a Students listen to six teenagers explaining why they don't smoke. They make notes on what each person says, then read statements a–j and match them to the speakers. (Note that three of the statements are distractors and are not attributable to anyone.)

Answers:
a *Alex* b *Simon* c *Alex* d *Clémence* e no one
f *Pierre* g *Karine* h no one i *Simon* j no one

CD 1 track 24   **p. 33, activité 3a**
Clémence
Je déteste le goût et l'odeur du tabac. J'ai essayé de fumer une fois, quand j'avais 14 ans, et après une bouffée de fumée, j'ai cru que j'allais m'étouffer!

Simon
Je ne comprends pas les gens qui fument. Le tabac sent mauvais, il est dangereux pour la santé et les cigarettes coûtent cher. En plus, je pense que fumer est un acte très anti-social: les fumeurs polluent l'air que les non-fumeurs respirent et ils remplissent les hôpitaux avec leurs maladies!

Alex
Je ne fume pas parce que je fais beaucoup de sport. C'est quasiment impossible pour un athlète de fumer: cela réduit la capacité respiratoire, augmente le risque de bronchite et de maladies pulmonaires, etc.

Pierre
Pour moi, c'est assez difficile d'imaginer pourquoi les fumeurs mettent volontairement leur santé en danger. Les risques du tabagisme sont maintenant bien connus et les gens savent que la nicotine rend accro. Je trouve tout à fait incroyable qu'autant de personnes fument dans le monde!

Karine

Je n'ai jamais essayé de fumer parce que j'ai de l'asthme. Je ne peux même pas rester longtemps en compagnie de fumeurs! Inimaginable donc de fumer.

Fatima

Ma tante est morte d'un cancer des poumons il y a deux ans et je sais maintenant à quel point le tabagisme peut être dangereux. Elle fumait environ 20 cigarettes par jour et elle serait probablement encore en vie aujourd'hui si elle n'avait pas fumé autant, pendant tant d'années.

3b Students discuss with a partner which of the opinions from activity 3a they agree with.

4 Students read a passage on young people's drinking habits and choose words from a box to fill ten gaps.

Answers:

1 *fument*
2 *alcool*
3 *préoccupantes*
4 *route*
5 *mortalité*
6 *surconsommation*
7 *insuffisant*
8 *cannabis*
9 *consommateurs*
10 *production*

Grammaire

Impersonal verbs

This section explains impersonal verbs and lists some key expressions.

A Students use impersonal verb constructions to complete sentences.

Answers:

1 *Il faut*
2 *Il vaut mieux*
3 *Il ne faut pas*

B Students translate the sentences from activity A into English.

Answers:

1 *We must note/It must be noted that alcohol can be very dangerous.*
2 *It is better not to drive if you have been drinking alcohol.*
3 *One mustn't sell beer to under 16s.*

C Students write three sentences using impersonal verbs.

5 Students prepare a one-minute talk for a radio programme on any aspect of smoking or alcohol consumption which interests them. They list four or five key words to help them remember what they want to say.

6 Students write two paragraphs giving their opinion on alcohol and smoking. They are asked to include three examples of impersonal verbs.

La toxicomanie

pages 34–35

Planner

Grammar focus

♦ *dont*

Skills focus

♦ Writing an opinion piece

Key language

♦ *commencer à fumer (de la marijuana), se mettre (à la cocaïne), utiliser, n'utiliser que (du cannabis), être accro, se droguer, prendre une mauvaise dose*
♦ *trouver ça cool, aller de pire en pire, mourir d'une overdose*
♦ *un(e) toxicomane, un problème grave, un produit si dangereux, un centre de désintoxication*

Resources

♦ Students' Book pages 34–35
♦ CD 1 track 25
♦ Grammar Workbook page 27
♦ Copymasters 6 and 9

1a To stimulate thought on the variety of drugs available, students work in pairs, using dictionaries, to list all the drugs and addictive substances they can think of that are available legally as well as those that are illegal.

1b Students sort their list from activity 1a into hard drugs and soft drugs.

2 Students read a text about legal drugs and match the products mentioned with the definitions given.

Answers:

a *le tabac*

b *le thé*

c *les médicaments contre l'insomnie*

d *l'alcool*

e *les médicaments contre l'angoisse/la dépression*

f *le Coca-Cola*

3a Students read the story of Audrey, a former drug addict.

3b Having read Audrey's story, students answer the questions in English.

Answers:

a *marijuana*

b *She shared a flat in Lyon with several friends, two of whom took drugs.*

c *Her parents said that it could become a very serious problem, but she felt very distant from their concern, almost as if they were talking about someone else.*

d *She rapidly became addicted and realised that she was going to need money to support her habit.*

e *Her best friend died from an overdose and she realised that the same could happen to her.*

Grammaire

The relative pronoun 'dont'

This section explains the different uses of the relative pronoun *dont*.

A Students translate the first sentence of text 3a into English.

Answer:

I was living in a flat in Lyon with several friends, two of whom took drugs.

B Students translate further sentences into English.

Answers:

1 *Do you know Nabila, whose friend is a former drug addict?*

2 *Ah yes, the one whose friends were so worried.*

3 *It's a story about which I have heard a few details.*

C Students find in text 3a an example of the use of *dont* to replace *de*.

Answer:

*Très vite, il y avait une dose quotidienne **dont** j'avais de plus en plus besoin ...*

D Students translate English sentences into French.

Answers:

1 *C'est du café dont tu as envie?*

2 *Voici l'argent dont tu as besoin.*

3 *La maladie dont elle souffre est affreuse.*

 4 Nabila, Audrey's friend, gives an account of Audrey's drug dependence. Students listen to the recording and decide whether the statements are true or false.

Answers:

a *Faux (J'ai remarqué que quelque chose n'allait pas quand Audrey est partie vivre à **Lyon**)*

b *Faux (C'était juste après son dix-neuvième anniversaire, alors qu'elle **commençait la fac**)*

c *Vrai*

d *Vrai*

e *Vrai*

f *Faux (La mort de Dominique **a changé tout**/a été un moment décisif pour elle)*

g *Vrai*

h *Vrai*

CD 1 track 25 p. 35, activité 4

Nabila

J'ai remarqué que quelque chose n'allait pas quand Audrey est partie vivre dans cet appartement, à Lyon. C'était juste après son dix-neuvième anniversaire, alors qu'elle commençait la fac.

Au début, elle n'utilisait que du cannabis et on pouvait déjà voir qu'elle était plus distante, plus détachée qu'avant ... Et puis, rapidement, son état de santé est allé de pire en pire. Elle avait des réactions violentes, elle était toujours stressée ... probablement à cause de la cocaïne.

A cette époque, elle était tellement accro que je pensais que rien ne pourrait jamais la faire changer. Jusqu'au jour où notre copain Dominique est mort d'une overdose. Là, je crois que ça a été un moment décisif pour elle. Elle est allée dans un centre de désintoxication pendant plusieurs mois et depuis, la drogue, c'est complètement fini. Audrey est enfin redevenue ma meilleure amie.

Compétences

Writing an opinion piece

Students follow a series of steps to help them write an answer to the question *Pensez-vous que toutes les drogues illicites sont dangereuses?*

A Students begin by jotting down two or three points to back up their argument.

B They then reread text 3a and note the French for given expressions.

Answers:

1 *commencer à*
2 *trouver ça cool*
3 *un problème grave*
4 *se mettre à la cocaïne*
5 *un produit si dangereux*
6 *mourir d'une overdose*
7 *une mauvaise dose*

C Students use language from the spread to help them phrase their points for the opinion piece.

D Students write up their opinion piece. Encourage them to use a range of opinion phrases combined with new language collected from texts on this spread. Refer them back to the *Compétences* section on page 21 for a reminder of different ways to express opinions.

C 9 See Copymaster 9 for further activities focusing on expressing opinions.

5 Students imagine that one of their friends is a drug addict. They write a letter to the problem page of a young people's magazine explaining the problem, e.g. when their friend started taking drugs, which drugs are involved and the effects on their friend's health.

C 6 Copymaster 6 provides additional listening activities on the themes of this spread.

Manger équilibré

pages 36–37

Planner

Grammar focus

- The conditional

Skills focus

- Making suggestions

Key language

- *Moi, je* + conditional.
  Tu pourrais + infinitive.
  Tu devrais + infinitive.
  Si j'étais (toi/vous), je + conditional.
  A (ta/votre) place, je + conditional.
  Pourquoi est-ce que tu ne ...?
  As-tu déjà essayé de + infinitive?
- *les biscottes (f), la charcuterie, les crudités (f), les frites (f), un fruit frais, un jus de fruit, les légumes (m) verts, les pâtes (f) à la sauce tomate, une pâtisserie, le poisson, le sandwich (au pâté/au saucisson/nature), le sel, le sucre, la viande, un yaourt*
- *le petit déjeuner, le déjeuner, le dîner, le casse-croûte, le repas*
- *une entrée, un plat principal, un dessert*
- *un régime équilibré, les matières (f) grasses, les plats (m) cuisinés*
- *nourrissant(e), sain(e)*
- *éviter*
- *les troubles (m) alimentaires: l'anorexie (f), la boulimie*

Resources

- Students' Book pages 36–37
- CD 1 tracks 26–27
- Grammar Workbook page 60
- Copymasters 7, 8

1a Students work in pairs. Student A explains what he/she ate yesterday; B makes notes and awards a score out of ten for healthy eating.

1b Students exchange roles and repeat activity 1a. Discuss the results as a whole class.

2a Students translate into English some key vocabulary items from the text *Bien manger avec un petit budget.*

41

Answers:

a *healthy*

b *a balanced diet*

c *nourishing*

d *fats*

e *to avoid*

f *ready meals*

2b Students read the text and write out a healthy menu for a student's typical day.

3a Students work in groups for two minutes, brainstorming words they associate with the topic of eating disorders (*les troubles alimentaires*).

3b Students listen to an interview with a doctor specialising in eating disorders. They complete the gap-fill sentences to create a summary of the text.

Answers:

a *37*

b *15, 58*

c *65 000, 14, 25*

d *nourriture, maigre*

e *exercice, perdre*

f *image, psychologiques*

g *poids*

h *(beaucoup) trop, vomit*

i *l'aide*

CD 1 track 26   **p. 36, activité 3b**

– Bonjour à notre émission Santé-Jeunes où, aujourd'hui, on aborde la question vexante des troubles alimentaires chez les jeunes. A côté de moi, docteur Marianne Rochais, spécialiste de l'hôpital de Saint Marc, ici à Montréal. Alors, docteur, ce problème de jeunes souffrant de troubles alimentaires, c'est répandu, diriez-vous?

– Bonjour. Oui, il faut constater qu'une étude réalisée l'année dernière a révélé que dès l'âge d'onze ans, 37% des élèves canadiennes changeraient d'apparence si elles le pouvaient. Et ce pourcentage grimpe à 58% chez les jeunes filles de 15 ans. Oui, malheureusement, pas mal de filles se préoccupent de leur poids. On ne peut pas dire qu'elles souffrent toutes d'anorexie ou de boulimie, mais quand même, on estime que, ici au Canada, environ 65 000 jeunes âgés de 14 à 25 ans ont des troubles alimentaires.

– Et l'anorexie, c'est quoi, exactement?

– L'anorexie est une obsession avec la nourriture et la minceur. Une personne souffrant d'anorexie veut maigrir à tout prix et se prive de nourriture. Elle est souvent hyperactive aussi et se livre à toutes sortes d'exercice pour perdre du poids. Même très maigre, elle se voit toujours grosse. Elle a une pauvre image d'elle-même et souffre souvent d'autres troubles

---

psychologiques comme l'anxiété, l'obsession ou la dépression.

– Et la boulimie, c'est autre chose?

– Oui. Au contraire des anorexiques, les personnes qui souffrent de boulimie ne sont pas minces, elles ont généralement un poids normal. Cette maladie se caractérise par des excès alimentaires. Quelqu'un qui souffre de boulimie mange parfois beaucoup trop, puis elle vomit après afin de perdre du poids. Les boulimiques savent en général qu'elles ont un problème, mais la gêne les empêche souvent de chercher de l'aide avant l'âge adulte.

– Merci, docteur. Vous nous avez présenté les faits très clairement. Et maintenant, on va parler à notre autre invitée, une jeune fille touchée par ces problèmes …

3c This recording continues from where the activity 3b recording ends. Students listen to a girl telling the doctor about her friend's eating difficulties. They note in English the doctor's advice on what she should and shouldn't do.

Answers:

Angélique should … eat in the canteen with her friend, enjoy the food, eat healthily, display normal behaviour towards food, talk about other topics and perhaps talk to a teacher or the friend's parents if she is still worried.

She shouldn't … talk to her friend about food or weight.

CD 1 track 27   **p. 36, activité 3c**

– … une jeune fille touchée par ces problèmes. Bonjour, Angélique, et bienvenue. Je crois que vous avez une question à poser au docteur?

– Oui, en fait je m'inquiète beaucoup pour une camarade de classe qui est très mince, et qui ne semble pas manger beaucoup. Je ne dis pas qu'elle soit anorexique, mais c'est troublant quand même. Je voudrais savoir comment je peux l'aider.
Si vraiment elle est anorexique, elle aura besoin d'aide professionnelle. Mais s'il s'agit plutôt d'une jeune fille qui se préoccupe de son poids, mais pour qui il n'y a pas de grand soucis, il y a beaucoup de choses que tu peux faire. D'abord, tu pourrais aller manger à la cantine avec elle. Tu devrais prendre plaisir au repas, manger sainement et lui donner l'exemple d'un comportement normal envers la nourriture.

– Est-ce que ce serait une bonne idée de lui parler de son problème?

– Je dirais plutôt non. Tu devrais éviter de parler de nourriture et de poids. Il vaudrait mieux aborder d'autres sujets intéressants et essayer de passer une demi-heure heureuse ensemble.

> – Il ne faut surtout pas faire des repas un champ
>   de bataille!
> – Et est-ce que je devrais en parler à un adulte?
> – Oui, si ça ne va pas mieux après quelque
>   temps, je te conseillerais de parler à un prof qui
>   la connaît bien, ou peut-être à un de ses
>   parents, si tu les connais.

Grammaire

4 Students prepare advice for a friend on healthy eating on a small budget. They use the *Expressions-clés* to help them.

5 Students read two problem-page letters about health issues and write replies offering advice.

C 7 Copymaster 7 provides speaking activities based on offering advice on stopping smoking. Copymaster 28 provides texts on the theme of eating disorders.

Mode de vie et santé

pages 38–39

Planner

Grammar focus

♦ Present participles

Key language

♦ *on peut mener une vie équilibrée en* + present participle
♦ *dormir assez, faire (du sport/de la natation/du vélo), prendre du temps pour soi, avoir un régime alimentaire strict*
♦ *fumer, boire de l'alcool, manger au MacDo, prendre des drogues*

Resources

♦ Students' Book pages 38–39
♦ CD 1 tracks 28–30
♦ Grammar Workbook page 64

1a Four young people describe their lifestyle. Students read the texts and match activities a–e to the young people they relate to.

Answers:
a *Noémie*
b *Florence*
c *Patrick*
d *Noémie*
e *Julien*

1b Students read the texts again and note down what each person does that is good for their health and bad for their health.

Answers:

	Bon	*Mauvais*
Noémie	♦ *elle dort assez* ♦ *elle fait de la natation* ♦ *elle ne fume pas* ♦ *elle ne boit pas d'alcool* ♦ *elle ne prend pas de drogues*	
Patrick	♦ *il ne boit pas trop d'alcool*	♦ *il ne dort pas assez* ♦ *il fume*
Julien	♦ *il fait du vélo* ♦ *il prend du temps pour lui* ♦ *il a un régime alimentaire strict*	

	Bon	Mauvais
Florence		♦ *elle mange souvent au MacDo* ♦ *elle boit de l'alcool presque tous les soirs* ♦ *elle fume* ♦ *elle ne fait pas de sport*

2 Students consider who (among the four teenagers in activity 1) has the least healthy way of life and who has the healthiest, and why. They compare their views with those of their partner.

3a Play the recording on *L'obésité*. This is the first of three recordings on the connection between diet and health. Students listen carefully and note down the facts requested.

Answers:

a *33%*

b *le taux de personnes obèses est de 29% chez les hommes et 22% chez les femmes*

c *un manque d'activité physique, une mauvaise alimentation, une prédisposition génétique héréditaire*

d *maladies cardio-vasculaires, diabète, problèmes respiratoires, cancers*

CD 1 track 28   **p. 38, activité 3a**

L'obésité

L'obésité est un problème de plus en plus grave dans la plupart des pays occidentaux. Aux Etats-Unis, sur dix enfants âgés de six à onze ans, trois sont obèses – et ces proportions ne font qu'augmenter d'année en année.

En France, le taux de personnes obèses est de 29% chez les hommes et 22% chez les femmes.

L'obésité est généralement causée par trois grands facteurs: un manque d'activité physique; une mauvaise alimentation; une prédisposition génétique héréditaire.

L'obésité est un problème de santé parfois très grave qui peut augmenter le risque de maladies cardio-vasculaires, déclencher un diabète, causer des problèmes respiratoires, même certains cancers.

3b Students listen to the second recording, on *Le régime crétois*, and answer the questions.

Answers:

a *La Crète est une île située au sud de la Grèce.*

b *Plusieurs études ont montré que c'est probablement grâce à leur régime alimentaire*

que les habitants de la Crète ont la meilleure santé de toute l'Europe.

c *Le régime se compose de beaucoup de fruits et de légumes, d'huile d'olive, de poisson, de pain, de fromage, et de peu de viande.*

d *Le Japon.*

CD 1 track 29   **p. 38, activité 3b**

Le régime crétois

Plusieurs études ont montré que c'est probablement grâce à leur régime alimentaire que les habitants de la Crète (une île au sud de la Grèce) sont les personnes en meilleure santé de toute l'Europe!

Le désormais célèbre régime crétois se compose de beaucoup de fruits et légumes, d'huile d'olive, de poisson, de peu de viande, de pain et de fromage. C'est-à-dire plein de vitamines, de fibre et peu de graisses animales.

De même, l'alimentation traditionnelle des Japonais avec beaucoup de fruits, de légumes et de soja explique en grande partie pourquoi le Japon a un taux très bas de maladies cardio-vasculaires.

3c Play the third passage: *Avoir la forme*. Students make a note of the advice given under each heading: *nourriture*, *repas*, *boissons*, *sport*.

Answers:

a *manger de tout, en quantité raisonnable, avec un maximum de fruits et de légumes frais*

b *manger trois repas par jour (le repas le plus important est le petit déjeuner)*

c *boire au moins un litre et demi d'eau par jour (ou de boissons non sucrées et non alcoolisées)*

d *pratiquer régulièrement une activité sportive*

CD 1 track 30   **p. 38, activité 3c**

Avoir la forme

Pour avoir la forme, l'idéal est de manger de tout, en quantité raisonnable, avec si possible un maximum de fruits et de légumes frais. Il est aussi indispensable de faire trois repas par jour et de ne jamais en sauter un – surtout le petit déjeuner. Il est aussi essentiel de boire au moins un litre et demi d'eau (ou de boissons non sucrées et non alcoolisées) par jour.

Enfin, pour améliorer l'état de santé général, la pratique régulière d'une activité sportive est extrêmement utile. L'idéal est de pratiquer un sport d'endurance (marche, cyclisme, natation) qui fait bien travailler le cœur et les muscles.

Grammaire

Present participles

This section focuses on the formation and different uses of the present participle.

A Students search the texts on page 38 for examples of different uses of the present participle.

Answers:

1 *en évitant tous les grands risques pour la santé*
2 *je bois de l'alcool tout en fumant trois ou quatre cigarettes*
3 *étant étudiant et aimant sortir tard le soir, je suis toujours fatigué*
4 *mes copains, n'étant pas aussi actifs que moi, mangent ce qu'ils veulent*

B Students form the present participle of the infinitives given.

Answers:

1 *regardant*
2 *dormant*
3 *buvant*
4 *faisant*
5 *prenant*
6 *achetant*

C 29 | See Copymaster 29 for further activities to practise the present participle.

4 Students work in pairs, taking turns to use present participle constructions to complete the sentence *On peut mener une vie équilibrée en …* They refer to the spider diagram for ideas.

Follow-up activity:

For further practice of the present participle, give students this additional activity. They copy out and complete the grid, using the structure '*en* + present participle' to note down ideas on how to achieve each goal:
Recopiez et complétez le tableau qui montre cinq objectifs que vous voulez atteindre et comment vous y arrivez.

Quoi?		Comment?
1	*retrouver la forme*	*en cessant de fumer, en mangeant bien, en faisant plus de sport, en buvant beaucoup d'eau, …*
2	*éviter le stress*	
3	*réussir aux examens*	
4	*devenir riche*	
5	*être heureux dans*	

la vie	

5 Students write about 150 words to answer the question *Et vous? Menez-vous une vie équilibrée?* Prompts are provided.

Grammaire active

page 40

Planner

Grammar focus
♦ Making suggestions

Resources
♦ Students' Book page 40

Making suggestions

1 Students write advice to a list of problems.

2a Students vary their language to offer advice on a list of other problems.

2b Students work in pairs to talk about problems and suggested advice.

3a Students copy and complete the grid on advice.

3b Students complete the phrases given.

Au choix

page 41

Planner

Resources
♦ Students' Book page 41
♦ CD 1 track 31

1a This activity focuses on three controversial methods to help combat drug abuse. Students read a series of arguments (a–f) and note whether each augment is for or against each method.

Answers:

		pour	*contre*
1	*la distribution gratuite de seringues*	*c*	*f*
2	*l'utilisation de produits de substitution comme la méthadone*	*d*	*b*
3	*la légalisation de la marijuana*	*a*	*e*

1b Referring to the completed grid from activity 1a, students decide whether they personally are for or against each measure.

2 Students listen to the recording about alcohol-related road accidents and the measures taken by the French government to combat this problem. They decide whether statements a–f are true or false, and correct those that are false.

Answers:

a *Faux (On estime qu'en France l'alcool entre en cause dans **40%** des accidents mortels)*

b *Vrai*

c *Faux (Il a du mal à contrôler son véhicule et réagit de façon **anormale**)*

d *Faux (Pour lutter contre l'alcool au volant, le gouvernement français a établi des limites d'**alcoolémie**)*

e *Vrai*

f *Faux ('Un verre, ça va; **trois** verres, bonjour les dégâts')*

CD 1 track 31   **p. 41, activité 2**

Boire et conduire
En France, on estime que l'alcool entre en cause dans environ 40% des accidents mortels.

Un conducteur en état d'ivresse a des réflexes plus lents et une vision limitée. Il est souvent la cause d'accidents graves car il a du mal à contrôler son véhicule et réagit de façon anormale.

Pour lutter contre l'alcool au volant, le gouvernement français a établi des limites d'alcoolémie – c'est-à-dire un taux maximum d'alcool dans le sang – qui peut être vérifié grâce à un Alcootest ou une prise de sang. Ainsi, un conducteur au-dessus de cette limite est officiellement en infraction avec la loi et peut recevoir une amende, un retrait de permis ou une peine de prison si des personnes sont mortes dans l'accident qu'il a provoqué.

Pour pousser les automobilistes français à ne pas boire d'alcool avant de conduire, il y a eu en France

de grandes campagnes publicitaires avec des slogans désormais célèbres comme par exemple:

'Boire ou conduire, il faut choisir' ou encore 'Un verre, ça va; trois verres, bonjour les dégâts'.

3 Students read a text on the anti-smoking law and prepare oral answers to questions about it.

Answers:

a *Il est interdit de fumer dans les lieux publics fermés.*

b *Oui, mais seulement dans les espaces 'fumeurs'.*

c *Si on fume dans une zone non-fumeurs ou si on est employeur et qu'on n'a pas défini de zones fumeurs et non-fumeurs.*

d Possible answer: *Pour protéger ceux qui ne fument pas.*

e Own answers.

f Own answers.

4 Students write 150 words on the health education they have received at school and their opinion of it. Prompts are given.

Révisions Unités 1–2

pages 42–43

Planner

Resources

♦ Students' Book pages 42–43
♦ CD 3 tracks 17–18

1a Students read a text about the role of grandparents within the family. They complete the sentences in their own words to produce a summary of the text. (2 marks for each item = 12 marks)

Possible answers:

a *... jouer un rôle dans la famille et voir leurs petits-enfants.*

b *... d'un divorce ou d'un conflit familial.*

c *... aller en justice.*

d *... gardent leurs petits-enfants de façon plus ou moins régulière.*

e *... vont en vacances avec leurs grands-parents.*

f *... qui ne sont pas en contact avec leurs grands-parents.*

1b Students write a report from the point of view of 'borrowed grandparents' (*grands-parrains*) such as those mentioned in the text. They should explain: why the grandparents never see their own grandchildren; the relationship they have with their 'borrowed' grandchildren; the importance of relationships between children and old people.

(10 marks for content, 10 marks for quality of language)

If appropriate, provide the following sentences as a model:

J'ai trois petits-enfants, mais je suis triste de dire que je ne les vois plus parce que …
Mais je suis le 'grand-parrain'/la 'grande-marraine' de …
Ce rapport m'apporte beaucoup parce que …
Et j'espère que c'est avantageux pour les enfants aussi, parce que …

 2a Students listen to two young people talking about why they started smoking. They copy out and complete the grid with the answers to questions in French: When did they start smoking? Why? Do they think it will be easy to stop? (10 marks, as shown below)

Answers:

	Léopold	Sophia
1	*à l'âge de 14* (1)	*il y a quelques mois* (1)
2	*c'était comme un jeu, ça donnait l'impression d'être plus adulte/plus branché* (2)	*c'est un truc cool, la majorité de ses amies fument, elle aime fumer quand elle sort avec ses amies, ça aide à se concentrer et à garder la ligne* (4)
3	*non (il est devenu vite accro)* (1)	*Oui* (1)

CD 3 track 17　　　　　　　**p. 42, activité 2a**

Léopold
J'ai commencé à fumer à l'âge de 14 ans, alors que j'étais en quatrième. Au début, c'était un peu comme un jeu. Je fumais en cachette dans les toilettes et sur le chemin entre le collège et la maison – mais jamais devant mes parents! Cela me donnait l'impression d'être plus adulte, plus branché … Le problème c'est que c'est vite devenu une habitude et que je n'ai jamais vraiment réalisé à quel point on pouvait devenir si rapidement accro à la cigarette.

Sophia
Je ne fume que depuis quelques mois et je crois que je pourrais encore m'arrêter si je voulais. Je fume parce que c'est un truc cool et parce que la majorité de mes amies fument. C'est un plaisir que je peux partager avec elles quand on est toutes ensemble: au café, dans la rue, devant le collège … Aussi, je crois que fumer m'aide à me concentrer et à garder la ligne. Je sais que c'est une habitude dangereuse mais cela fait vraiment partie de mon univers social.

2b Students prepare a paragraph on behalf of a third teenager, answering the questions from activity 2a. They may do this either as a written exercise in the form of a diary entry, or record themselves speaking. (10 marks)

3 Students read a text about tattooing and answer questions in English. (11 marks, as shown below)

Answers:

a　*it isn't regulated (anyone can become a tattooist)* (1)

b　*hepatitis B, hepatitis C, HIV, verrucas, herpes, bacterial infections* (6)

c　any four of: *they will use a special tattoo machine/dermograph (designed to make sure that the needles vibrate at a depth of only 1 or 2 millimetres); they will use pigments that are pure, non-toxic and non-allergenic; they will apply antiseptic lotion; they will cover the tattoo with a dry sterile dressing to prevent infection; they will give you information (written and verbal) on how to look after your tattoo and tell you what signs of infection to look out for* (4)

4 Students listen to information about a parent support organisation called Espace Ecoute Parents. They take notes and answer questions in French. (12 marks, as shown below)

Answers:

a　*… n'est pas toujours facile.* (1)

b　*De rencontrer un professionnel et de partager leurs expériences avec d'autres parents.* (2)

c　*La nutrition, l'autorité des parents et le rôle des grands-parents.* (3)

d　*On peut consulter le site Web.* (1)

e　*On leur propose une consultation gratuite une fois par semaine.* (1)

f　*Avec des psychologues ou avec d'autres parents.* (2)

g　*Rien, l'entrée est libre.* (1)

h　*Rien, il suffit de pousser la porte.* (1)

CD 3 track 18　　　　　　　**p. 43, activité 4**

Attention tous les parents de la région. Comme vous le savez, être parent n'est pas toujours facile. Ne serait-il pas utile de pouvoir partager votre expérience avec d'autres parents? Vous voulez peut-être aussi rencontrer un professionnel? Ces deux possibilités vous sont offertes grâce à notre action de soutien à la parentalité. L'action s'appelle Espace Ecoute Parents.
Nous organisons régulièrement des conférences-débats sur des thèmes liés à la parentalité, par exemple la nutrition, l'autorité des parents, le rôle des grands-parents. Nous espérons permettre aux parents de s'informer, débattre et échanger des

---

idées. Pour des détails plus précis, veuillez consulter notre site Web.

Nous offrons aussi des consultations gratuites une fois par semaine pour les familles qui sont confrontées à des difficultés parentales passagères. Vous aurez la possibilité de rencontrer un psychologue de l'Ecole des Parents et des Educateurs. Venez avec ou sans vos enfants. Vous serez accueilli par deux professionnels et vous pourrez participer à une consultation individuelle ou rencontrer d'autres parents dans un lieu convivial afin d'échanger des idées et poser des questions. L'entrée est libre. Il suffit de pousser la porte.

5 Students write about 200 words on one of the suggested themes:

◆ participating in an Internet debate on the question 'In your opinion, what is the ideal family?'.

◆ a letter to a teenage magazine, giving information about a friend who has recently started taking drugs and asking for advice on how to approach the problem.

(10 marks for content, 10 marks for quality of language)

6 Students respond orally to questions about sports, health and fitness, smoking and drugs. (4 marks for each item = 24 marks)

Unité 3   Les médias

Unit objectives

By the end of this unit students will be able to:

♦ Talk about television programmes

♦ Discuss the influence of television on young people

♦ Talk about advertising and its effects

♦ Discuss French newspapers and magazines

Grammar

By the end of this unit students will be able to:

♦ Use definite and indefinite articles

♦ Use different negatives

♦ Use adjectives, including comparative and superlative forms

♦ Use verbs followed by an infinitive

Skills

By the end of this unit students will be able to:

♦ Express opinions, agreement and disagreement

♦ Read a passage for gist

pages 44–45

1a Students read descriptions of different media and match texts with pictures.

Answers:

A *1*   **B** *4*   **C** *2*   **D** *5*   **E** *3*

 1b Students listen to check their answers to activity 1a.

CD 2 track 1	p. 44, activité 1b

A – J'aime suivre la mode et je m'intéresse aux expériences personnelles des lecteurs. De temps en temps, j'aime lire des articles plus sérieux.
  – Il aime les magazines. C'est l'image numéro un.

B – Il me faut un peu de détente à la fin de la journée. J'adore les feuilletons mais je regarde aussi le journal télévisé où l'on voit des images de tous les coins du monde.
  – Elle aime la télévision. C'est l'image numéro quatre.

C – J'adore la musique mais je peux aussi me tenir au courant de l'actualité grâce aux infos diffusées toutes les heures.
  – Elle aime la radio. C'est l'image numéro deux.

D – J'apprécie le grand choix de chaînes par satellite. Ça permet de varier ce qu'on regarde et d'améliorer sa connaissance des langues étrangères.
  – Il aime la télévision. C'est l'image numéro cinq.

E – Je jette toujours un coup d'œil sur ce qu'il y a à la une et j'essaie de lire rapidement les titres tous les matins.
  – Il aime les journaux. C'est l'image numéro trois.

1c Students study the texts in more detail to identify key vocabulary items.

Answers:

a *un lecteur*   **b** *la détente*   **c** *l'actualité*
d *la chaîne (de télévision)*   **e** *à la une*

2a Students list five types of media in order of personal preference.

2b In pairs, students ask questions to find out their partner's preferences.

This can be structured as a game: student A works out student B's list by asking a series of questions, e.g. *Tu préfères la télévision ou la radio? Tu préfères la radio ou Internet?* Student B then questions student A. The student who works out the other's list using the fewest questions is the winner.

3 Students complete a quiz on the French media, using the Internet to find out answers. Introduce them to a French search engine (e.g. www.google.fr). They could also use an online dictionary (e.g. www.wordreference.com).

If Internet access is available, this could be a timed activity in class. Alternatively, it could be a homework task.

Answers:

1 *A*	2 *C*	3 *C*	4 *B*	5 *B*
6 *C*	7 *A*	8 *C*	9 *A*	10 *B*

La télévision

pages 46–47

Planner

Grammar focus

♦ Definite and indefinite articles

♦ Negatives

Skills focus

♦ Expressing opinions

Key language

♦ *un dessin animé, un documentaire, une émission (sportive/de sport/politique), un feuilleton, un film (d'action), un jeu, le journal télévisé, un polar, un programme de télé-réalité, un quiz, un téléfilm*

♦ *Aimez-vous ...? Préférez-vous ...? Trouvez-vous que ...? A votre avis, est-ce que ...?*

♦ *j'adore, j'aime (bien/beaucoup/surtout), j'apprécie, je m'intéresse à, je me passionne pour, je préfère, je n'aime pas (du tout), je déteste, j'ai horreur de*

♦ *je crois que, je pense que, je trouve que, je considère que, il me semble que, à mon avis, je suis d'avis que*

♦ *ne ... pas, ne ... jamais, ne ... plus, ne ... rien, ne ... ni ... ni, ne... que*

Resources

♦ Students' Book pages 46–47

♦ CD 2 track 2

♦ Grammar Workbook pages 6 and 68

♦ Copymasters 10 and 13

---

1 As a starter activity, students work in pairs, then as a class, trying to name different types of TV programme in French.

 2a In this text, six French teenagers talk about TV programmes they like and dislike. The text is printed in the Students' Book and introduces the key grammar and language for this topic.

Students listen to the recording without looking at the printed text. They write down in French (or English) what type(s) of programme each speaker likes and dislikes.

Answers:

Elodie: adore les feuilletons, n'aime pas les documentaires

Antony: aime les émissions de sport, déteste les jeux

Thomas: aime les jeux et les quiz, ne regarde pas les téléfilms et les feuilletons

Nicolas: aime les films, surtout les polars et les films d'action, ne regarde plus les dessins animés (sa petite sœur adore les dessins animés)

Marion: adore les programmes de télé-réalité, ne regarde jamais les émissions politiques/sportives

Julie: regarde toujours le journal télévisé, aime les documentaires/quelquefois les films, n'aime pas la télé-réalité

CD 2 track 2   **p. 46, activités 2a et 2b**

Elodie

Moi, personnellement, j'adore les feuilletons, parce que je trouve qu'ils représentent bien la vie quotidienne et parce que je m'identifie avec les personnages et leurs problèmes. Je n'aime pas du tout les documentaires; quand j'allume le poste le soir, c'est parce que j'ai envie de me détendre.

Antony

Je me passionne pour le sport, donc ce sont les émissions de sport en direct qui m'intéressent le plus. J'apprécie le fait que la télévision nous donne la possibilité de voir de nouveaux sports, comme par exemple, le surf ou le poker. Ce que je n'aime pas? Je déteste les jeux!

Thomas

Je trouve les jeux et les quiz très amusants. J'aime bien essayer de répondre aux questions moi-même, car il me semble qu'on apprend beaucoup tout en s'amusant. Je ne regarde ni les téléfilms ni les feuilletons; je trouve que les personnages sont irréalistes et trop exagérés.

Nicolas

Moi, je ne regarde que les films à la télévision. J'aime surtout les polars et les films d'action – on n'a plus besoin d'aller au cinéma! Ma petite sœur adore les dessins animés, mais moi, je ne les regarde plus. S'il n'y a pas un bon film le soir, je ne regarde rien d'autre.

Marion

Comme tous mes amis, j'adore les programmes de télé-réalité, qui sont, à mon avis, passionnants. On ne sait jamais ce qui va arriver! Je préfère les émissions où l'on met plusieurs candidats en compétition et on voit comment ils réagissent sous pression. J'avoue que je ne regarde jamais ni les émissions politiques ni les émissions sportives; je considère la psychologie des gens beaucoup plus intéressante!

Julie

Je regarde toujours le journal télévisé, car je pense qu'il est important de savoir ce qui se passe dans le monde. A part ça, j'aime les documentaires et quelquefois les films aussi. Mais j'ai horreur de la télé-réalité, qui ne représente pas du tout la réalité, à mon avis, et qui exploite les gens.

2b Students listen again and follow the text to check their answers.

3a Students match statements with speakers.

Answers:

a *Antony*	**b** *Thomas*	**c** *Julie*
d *Elodie*	**e** *Marion*	

3b Students suggest a programme which would appeal to the remaining person, Nicolas (an action film or thriller).

3c Students decide which character would dislike each of the programmes described in 3a.

Answers:

a *Marion*	**b** *Antony*	**c** *Elodie*
d *Thomas*	**e** *Julie*	

3d Students choose three phrases from the text to express their own opinions of types of TV programme.

Grammaire

Definite and indefinite articles

Students are reminded that definite and indefinite articles, often omitted in English, are important in French, e.g. *J'aime les films* – I like films; *Les jeux sont amusants* – Game shows are fun; *J'ai regardé des dessins animés* – I watched (some) cartoons.

A Students look back at the texts studied so far in this unit and in the *Passerelle* unit. They find three examples of definite and indefinite articles used in French where they would not be used in English.

4a Students search the texts on page 46 for different ways to express opinions in French.

4b Students match sentence halves to practise using different verbs to express opinions.

Answers:

1 *c*	**2** *a*	**3** *e*	**4** *b*	**5** *d*

Compétences

Expressing opinions

Students are given advice on using a variety of verbs to express opinions.

They are reminded to avoid overuse of *j'aime* and *je n'aime pas* and to make these more interesting by adding qualifiers, e.g. *j'aime bien, j'aime surtout, j'aime beaucoup, je n'aime pas du tout.*

More able students can begin to refer to other people's opinions as well as their own, e.g. *Beaucoup de téléspectateurs pensent que..., Tous mes amis croient que..., Mon frère trouve que...*

A Students rewrite sentences, starting each one with an opinion phrase from the list they made in activity 4a.

A useful lesson starter to reinforce these expressions uses similar statements on small cards. Students choose a card and read it out with an introductory phrase such as *Je trouve que …*

C 13   Copymaster 13 provides further activities to practice expressing opinions.

5 Pairwork speaking. Students ask each other for opinions about different types of TV programme using model question structures and language from the texts and previous activities.

6 Students write a short paragraph giving their opinions of TV programmes, incorporating language from the texts and previous activities.

Grammaire

Negatives

This section reminds students of the use of *ne ... pas* (not) around the verb (*n'... pas* before a vowel) and provides a list of other negative expressions: *ne ... jamais, ne ... rien, ne ... plus, ne ... que* and *ne ... ni ... ni.*

A Students list all the negative phrases used in the texts on page 46 and note their English meanings, e.g. *Je ne regarde jamais* – I never watch.

B Students translate negative sentences into French.

Answers:

1 *Je n'aime plus les dessins animés.*
2 *Je ne regarde que les documentaires.*
3 *Je ne comprends rien.*
4 *Je ne regarde ni les jeux ni les feuilletons.*

C 10

A more challenging listening activity based on the French reality TV show Secret Story is provided on Copymaster 10.

L'influence de la télévision

pages 48–49

Planner

Grammar focus
♦ Adjectives

Skills focus
♦ Expressing agreement and disagreement

Key language

♦ *je suis (tout à fait) d'accord avec/que …*
♦ *je ne suis pas (du tout) d'accord avec/que …*
♦ *je suis (totalement/absolument) pour/contre …*
♦ *l'agressivité (f), l'asociabilité (f), le bonheur, la culture, la dépression, la détente, l'éducation (f), l'inactivité (f), l'information (f), l'isolement (m), le matérialisme, l'obésité (f), la passivité, la violence, la vulgarité*
♦ *agressif(ive), asocial(e), culturel(le), dépressif(ive), détendu(e), éducatif(ive), heureux(euse), inactif(ive), informé(e), isolé(e), matérialiste, obèse, passif(ive), violent(e), vulgaire*

Resources
♦ Students' Book pages 48–49
♦ CD 2 track 3
♦ Grammar Workbook page 8
♦ Copymaster 12

1a Students read the nouns on the graffiti wall relating to the effects of television and identify the five positive effects.

Answers:
détente, information, culture, bonheur, éducation

1b Students read for gist ten statements about the influence of television on young people and decide whether each is positive or negative.

Answers:
Affirmations positives: 3, 6, 9, 10
Affirmations négatives: 1, 2, 4, 5, 7, 8

1c Students reread statements 1–10, focusing on adjectives. They list the nouns from the graffiti wall which are referred to in each statement.

Answers:
1 *isolement, asociabilité*
2 *vulgarité*
3 *culture*
4 *inactivité, obésité*
5 *matérialisme*
6 *éducation*
7 *dépression*
8 *violence, agressivité*
9 *détente, bonheur*
10 *information*

1d Students identify the quality on the graffiti wall which is not referred to specifically in statements 1–10.

Answer:
passivité

1e Students say whether they agree or disagree with statements 1–10. Refer them to the *Compétences* section for key phrases. Working in pairs, one student reads a statement aloud, the other responds with *Je suis d'accord. Moi aussi, je pense que …* or *Je ne suis pas d'accord. Je trouve que …*

1f Students list the nouns from the graffiti wall and match them with adjectives from statements 1–10.

Answers:
l'isolement (m) – isolé
l'asociabilité (f) – asocial
la vulgarité – vulgaire
la culture – culturel
l'inactivité (f) – inactif
l'obésité (f) – obèse
le matérialisme – matérialiste
l'éducation (f) – éducatif
la dépression – dépressif
la violence – violent
l'agressivité (f) – agressif
la détente – détendu
le bonheur – heureux
l'information (f) – informé
la passivité – passif

Grammaire

Adjectives

Students are reminded of the rules of adjective agreement and position of adjectives.

A Students find examples of adjective forms and the nouns they agree with in sentences 1–10 on page 48.

Answers:

1 three masculine singular adjectives: *isolé (jeune), asocial (jeune), violent (enfant), agressif (enfant), bon (divertissement), détendu (on), heureux (on)*

2 three feminine singular adjectives: *culturelle (émission), dépressive (adolescente), bonne (comédie)*

3 three masculine plural adjectives: *jeunes (enfants), inactifs (enfants), obèses (enfants), jeunes (consommateurs), matérialistes (consommateurs), éducatifs (programmes), violents (dessins animés), informés (gens)*

4 three feminine plural adjectives: *vulgaires (insultes), nouvelles (animatrices), belles (animatrices), minces (animatrices)*

B Students add the correct ending to adjectives.

Answers:

1 *des reportages intéressants*
2 *les séries américaines*
3 *une speakerine intelligente*
4 *les publicités amusantes*

C Students are reminded that most adjectives follow the noun but a few come before it. They find five examples of adjectives used before the noun in sentences 1–10 on page 48.

Answers:

les jeunes enfants, de jeunes consommateurs, aux nouvelles animatrices, un bon divertissement, une bonne comédie

---

 2a Five speakers give their opinion on whether television is a good or bad influence on young people. Students listen to the recording and decide whether each opinion is positive or negative.

Answers:

1 *positive* 2 *négative* 3 *négative*
4 *positive* 5 *positive*

> | **CD 2 track 3** | **p. 49, activités 2a et 2b** |
> |---|---|
>
> – Trouvez-vous que la télévision ait une bonne ou mauvaise influence sur les jeunes?
>
> **1 Antoine, professeur**
> J'aimerais particulièrement mentionner *C'est pas sorcier*, une émission régulièrement regardée par mes élèves. Derrière une façade humoristique, les présentateurs arrivent à faire passer des explications scientifiques. Mes élèves aiment le ton vivant de cette émission.

> **2 Louise, mère de famille**
> Je ne suis pas le seul parent de ma localité à déplorer la pauvreté de la qualité des programmes que l'on diffuse actuellement à la télévision. Je veux surtout parler des actes de violence de plus en plus sophistiqués que l'on peut voir à toute heure et sur toutes les chaînes.
>
> **3 Suzanne, mère de famille**
> Il me semble qu'il y a un excès d'émissions où le vocabulaire se limite à des insultes et à des vulgarités et où les relations entre les personnages démontrent une agressivité constante. C'est quand même un mauvais exemple!
>
> **4 Elisabeth, ado**
> Je ne trouve pas que la télévision provoque la violence. Il y a forcément des émissions qui reflètent la violence dans la société. Et au moment du journal télévisé on parle encore de violence et de catastrophes. Mais c'est peut-être grâce à la télé qu'on commence à apprendre et à combattre la violence.
>
> **5 Martin, ado**
> Pour moi qui aime la culture mais qui vit loin de Paris et des autres centres culturels, la télé offre la possibilité de voir des émissions sur l'art, la peinture et le théâtre, de revoir des pièces classiques et, surtout sur la chaîne Arte, d'apprécier des films plus littéraires.

 2b Play the recording again. Students complete phrases from the recording in French.

Answers:

1 *humoristique; explications scientifiques*
2 *la qualité des programmes que l'on diffuse actuellement (à la télévision); de plus en plus sophistiqués*
3 *des insultes et à des vulgarités; une agressivité constante*
4 *la violence dans la société*
5 *des films plus littéraires*

3a Students prepare to discuss the question from listening activity 2a: *A votre avis, est-ce que la télévision exerce une bonne ou une mauvaise influence sur les jeunes?*

Using the *Compétences* section to help them, they prepare five statements of their own using language from the previous activities.

3b Students use their prepared statements to discuss the same topic with a partner. One student presents positive arguments in favour of television, the other argues against it.

Compétences

Expressing agreement and disagreement

Students are reminded of key structures for expressing agreement and disagreement: *je suis (tout à fait) d'accord avec/que, je ne suis pas (du tout) d'accord avec/que, je suis totalement pour/contre ...*

4 Students write a paragraph about the influence of television: *L'influence de la télévision, est-elle bonne ou mauvaise?* Encourage them to reuse the ideas and language they have learnt in this unit.

Copymaster 3 provides an additional reading text about the influence of television on young people.

La publicité

pages 50–51

Planner

Grammar focus

♦ Comparatives and superlatives

Key language

♦ *Cette pub est pour ...*
  Elle vise surtout ...
♦ *Pour cette raison, on utilise l'image de ...*
  C'est surtout ... qui attire l'attention du lecteur.
♦ *La pub nous (flatte/amuse/informe/surprend/ choque), car ...*
  Le message caché, c'est que ...
♦ *Je trouve cette pub réussie, parce que ...*

Resources

♦ Students' Book pages 50–51
♦ CD 2 track 4
♦ Grammar Workbook page 10
♦ Copymaster 4

1a Students study two advertisements. Working in pairs, they analyse the advertisements and use the *Expressions-clés* to help them respond to five questions in French. For each advert, they identify: the product; the target readers (gender, age group, etc.), giving reasons for their choice; what attracts attention (slogan, image, etc.); the hidden message; the techniques used to persuade us to buy the product (flattery, humour, etc.).

At this stage, students should not attempt to go beyond the ideas suggested.

1b Students share their ideas from activity 1a in a class discussion.

1c Students choose an advertisement from a French magazine (or download a French TV advertisement from the Internet), analyse it in the same way and present their analysis to the class. Encourage them to keep their language simple and not attempt too detailed an analysis.

1d Students write an analysis of a French advertisement using the *Expressions-clés*, which they should by now be familiar with. They are reminded to give their own opinions in their conclusion, using the expressions introduced earlier in the unit.

 2a Students listen to three radio advertisements. They listen first for gist and identify the products being advertised.

Answers:

a *un hypermarché (un portable)*
b *une agence de voyages*   **c** *un magazine*

CD 2 track 4	p. 51, activités 2a–2d

a – J'adore mon nouveau portable!
  – Il est plus sophistiqué que le mien!
  – Il est plus élégant que le mien!
  – Il a une plus grande mémoire que le mien!
  – Il est aussi petit que le mien!
  – Et il coûte moins cher que tous vos portables!
  – Cette semaine, profitez des offres exceptionnelles sur tous les portables chez Carrefour. Carrefour – l'hypermarché où tout est moins cher.

b – Découvrez les plus beaux pays du monde ... Visitez les plus belles villes ... Admirez les monuments les plus célèbres ... Appréciez les paysages les plus splendides ...
  – Découvrez le monde avec Look Voyages! Look Voyages, pour vivre les meilleures vacances de votre vie!

c – Sais-tu que Brad sort avec une femme qui est beaucoup plus âgée que lui ...?
  – As-tu vu les dernières photos les plus récentes de Victoria? On a l'impression qu'elle est plus maigre que jamais!
  – Regarde! A ton avis, qui a les plus beaux cheveux maintenant?
  – Oh, mais c'est bien Britney! Qu'est-ce qu'elle fait là?
  – Tenez-vous au courant de ce qui se passe dans le monde des people. Lisez *Public*. Chaque semaine, *Public* vous révèle les secrets les plus intimes des stars. *Public*. Le magazine des stars.

2b Students listen to the first advertisement again and note phrases using comparatives.

Answers:

a *plus sophistiqué*

b *plus élégant*

c *une plus grande mémoire*

d *aussi petit*

e *moins cher*

 2c Students listen to the second advertisement again and note phrases using superlatives.

Answers:

a *les plus beaux pays du monde*

b *les plus belles villes*

c *les monuments les plus célèbres*

d *les paysages les plus splendides*

e *les meilleures vacances*

 2d Students listen to the third advertisement again and translate English phrases into French.

Answers:

a *une femme (qui est) beaucoup plus âgée*

b *les dernières photos*

c *plus maigre que jamais*

d *les plus beaux cheveux*

e *les secrets les plus intimes*

3 Students work in groups or pairs to create their own 20-second radio advertisement.

They work through a series of planning activities in French, then write and record their advertisement to present to the class. The script must include at least one comparative, one superlative and one question.

Grammaire

Comparative

Students are reminded of the comparative forms: *plus ... que, moins ... que, aussi ... que.*

A Referring back to the comparatives in activity 2b, students use the same adjectives to complete sentences.

Possible answers:

1 *Ce nouveau parfum est plus **sophistiqué** que l'ancien.*

2 *Mon ancien baladeur est moins **petit** que ce dernier modèle.*

3 *Ce jean est aussi **élégant** que ceux que portent les top-models.*

B Students are reminded of the irregular forms *meilleur(e), mieux* and *pire*. They write three sentences comparing products.

Possible answers:

1 *Le nouveau shampooing est meilleur que ce shampooing.*

2 *La nouvelle Renault est meilleure/pire que la nouvelle Citroën.*

3 *Ces chaussures sont meilleures que ces baskets.*

Superlative

C Looking back at their answers to activity 2c, students note which superlatives go before the noun and which go after the noun.

Answers:

before noun: *les plus **beaux** pays, les plus **belles** villes, les **meilleures** vacances*

after noun: *les monuments les plus **célèbres**, les paysages les plus **splendides***

D Students complete phrases with an appropriate superlative adjective. They are reminded to check position and agreement.

Possible answers:

1 *le meilleur dentifrice*

2 *les yaourts les plus sains*

3 *la crème solaire la plus populaire*

4 *les ordinateurs les plus sophistiqués*

5 *le chocolat le plus délicieux*

C 4 Further opportunities to work on comparative and superlative adjectives are provided on Copymaster 4.

 Follow-up activity:

Use the radio advertisements in activity 2 as an opportunity to focus on intonation and exclamations:

♦ Play the third radio advertisement from activity 2 again and note that the voice of each speaker goes up when asking a question. Display the following four questions and ask students to practise reading them aloud, first as questions and then as statements: *Tu aimes les vêtements chers? Tu achètes des magazines people? Vous avez honte de votre portable? Vous voulez profiter de cette offer exceptionnelle?*

♦ Focus on the exclamations used in the radio advertisements, e.g. *Regarde! Oh, mais c'est bien Britney!*

♦ Play the appropriate parts of the recording again and encourage students to repeat the exclamations, imitating the intonation. Provide some additional exclamations for students to practise saying aloud, e.g. *C'est pas vrai! C'est pas possible! C'est incroyable! Dis donc! Dites donc!*

La presse écrite

pages 52–53

Planner

Grammar focus

◆ Verbs followed by an infinitive

Skills focus

◆ Reading an article for gist

Key language

◆ *un article, un hebdomadaire, un journal (national/régional), un magazine (destiné aux femmes/de sport/de télévision/people), un mensuel, un quotidien, un reportage*

◆ *un lecteur, une lectrice*

◆ *lire, vendre*

◆ verbs + infinitive: *aimer, détester, préférer, sembler, devoir, falloir (il faut), pouvoir, savoir, vouloir*

◆ *je préfère les articles au sujet de ..., je m'intéresse à ..., je ne m'intéresse pas à ...*

◆ *se détendre, être au courant de l'actualité*

◆ *renforcer les stéréotypes, offrir de bons conseils*

Resources

◆ Students' Book pages 52–53

◆ CD 2 track 5

◆ Grammar Workbook page 71

◆ Copymaster 11

1a Students read a text about the French press: *La presse française – la crise des quotidiens?* They read for gist and choose a suitable subtitle for each paragraph.

Answers:
1 *b*   **2** *d*   **3** *a*   **4** *c*

The following four activities help students to understand the main points made in each paragraph of the text.

1b Students complete a summary of the first paragraph.

Answers:
*Chaque jour, **7%** des Français lisent un quotidien national et **27%** des Français lisent un quotidien régional. **4%** des jeunes lisent un quotidien national et **13%** des jeunes lisent un quotidien régional. 'Le Monde' est un **quotidien national** et 'Ouest-France' est un **quotidien régional**.*

1c Students complete a summary of the second paragraph.

Answers:
*Il est possible que les Français n'achètent plus de **journaux/quotidiens** parce qu'ils préfèrent regarder les informations à la **télévision** ou sur **Internet**. Mais dans les autres pays qui utilisent les nouveaux **médias**, les **journaux/quotidiens** sont encore très populaires. En **Allemagne**, on vend 24 millions de quotidiens par jour, en **Grande-Bretagne** on en vend 18 millions mais en **France**, on n'en vend que **9** millions.*

1d Students find the names of French newspapers and magazines in the third paragraph.
Note that *les people* (also spelt *piple*) is the new term for celebrities. The singular *un people* also exists.

Answers:
a *deux hebdomadaires: 'L'Express', 'Le Nouvel Observateur'*
b *deux magazines destinés aux femmes: 'Marie-Claire', 'Femme actuelle'*
c *deux magazines de sport: 'L'Equipe Magazine', 'France Football'*
d *deux magazines de télévision: 'Télé Z', 'Télé 2 semaines'*
e *deux magazines people: 'Public', 'Gala'*

1e Students complete sentence halves to summarise the final paragraph.

Answers:
a *Les informations dans 'Métro' sont faciles et rapides à lire.*
b *Les jeunes préfèrent lire des articles courts.*
c *Ils n'aiment pas lire des articles trop longs ou trop politisés.*
d *Beaucoup de gens qui aiment lire la PQG ne lisaient pas auparavant de journaux.*

Compétences

Reading an article for gist

This offers advice on developing reading skills. Students look back at activities 1a–1e and analyse what helped them to understand the text. They are advised to:

◆ spot the key words

◆ use paragraph headings

◆ focus on understanding the overall meaning of each paragraph in turn

◆ not worry if there are individual words in the text that they don't understand, because once they understand the gist, they may find they can work out meanings from the context.

Many students find reading difficult at this level and lack confidence when faced with a longer or more difficult text. The suggested approach teaches them to identify the key ideas in a text and then to focus on small manageable units.

2a Students study the language of the article in greater detail. They begin by listing the key vocabulary relating to the topic of *La presse écrite*.

2b Students translate phrases from the text into English.

Answers:

a *selon les sondages récents* – according to recent surveys

b *quant aux quotidiens régionaux* – as for local newspapers

c *la concurrence de la télévision* – competition from television

d *l'une des explications les plus vraisemblables* – one of the most likely explanations

e *ce qui se passe dans le monde* – what is happening in the world

Follow-up activity:

To further exploit the text, ask students to find the French equivalents of these English phrases:

a among the national papers – *parmi les journaux nationaux*

b the drop in readership – *la baisse de l'audience*

c in the same way as – *de la même façon que*

d from an over-political angle – *sous un angle trop politique*

e numerous people – *de nombreuses personnes*

Grammaire

Verb + infinitive

Students are reminded of verbs followed by an infinitive. (Note: Verbs followed by *à* or *de* + infinitive will be covered in Unit 7.)

A Students study the text *La presse française – la crise des quotidiens?* They find an example of each of the following verbs followed by an infinitive and translate the phrase into English: *préférer, sembler, pouvoir, il faut, aimer.*

Answers:

1 *27% d'eux préfèrent lire* – 27% of them prefer to read

2 *les quotidiens semblent être* – the daily papers seem to be; *Cette nouvelle presse semble répondre* – This new press seems to respond

3 *Comment peut-on expliquer* – How can one explain

4 *Il ne faut pas oublier* – One must not forget

5 *qui n'aiment pas lire* – who do not like reading

B Students complete sentences with an infinitive from a list.

Answers:

1 *Beaucoup de Français ne veulent plus **acheter/lire** de quotidien.*

2 *Moi personnellement, je préfère **lire/acheter** un hebdomadaire.*

3 *Il faut **mentionner** le rôle de la PQG.*

4 *La presse people semble **devenir** de plus en plus populaire.*

5 *J'aime **être** au courant de l'actualité.*

Follow-up activity:

Give students the following sentences to translate into French:

1 The press seems to be less important.

2 In general, women prefer to read a magazine.

3 Young people like reading free newspapers.

4 You can't buy *Métro* in the countryside.

5 You don't have to read a newspaper every day.

Answers:

1 *La presse semble être moins importante.*

2 *En général, les femmes préfèrent lire un magazine.*

3 *Les jeunes aiment lire les journaux gratuits.*

4 *On ne peut pas acheter 'Métro' à la campagne.*

5 *Il ne faut pas lire un journal tous les jours.*

 3a Play the recording. Seven people talk about their favourite newspaper or magazine. Students note the title of each publication and whether it comes out daily, weekly or monthly.

Answers:

1 *'Phosphore', mensuel*

2 *'Le Monde', quotidien*

3 *'Le Canard enchaîné', hebdomadaire*

4 *'L'Express', hebdomadaire*

5 *'Le Journal des Enfants', hebdomadaire*

6 *rien*

7 *'La Croix', quotidien*

CD 2 track 5   **p. 53, activités 3a–3c**

1 Le mensuel *Phosphore* est sous-titré 'l'univers des années lycée'. Il offre un tas de choses aux jeunes de mon âge. Dans celui-ci, par exemple, il y a un spécial orientation, c'est-à-dire un dossier où l'on présente toutes les informations sur les filières, les options et les études. En plus, il y a des articles sur la boulimie, l'immigration, etc., et aussi des trucs comme 'le film du mois' et 'les trois CD de ma vie'.

2 Pour moi, le journal français de référence par excellence, c'est *Le Monde*. Je le lis tous les jours et je l'apprécie surtout pour le sérieux et la variété de ses informations et ses commentaires.

3 Je n'ai pas le temps de lire un journal tous les jours, mais je ne manque jamais mon hebdomadaire préféré, *Le Canard enchaîné*. C'est un journal satirique, vraiment une des plus solides institutions de la presse française, admiré surtout pour son indépendance et son ton ironique.

4 Pour moi, il est important de savoir ce qui se passe dans le monde et pour aller au fond des choses je choisis *L'Express*. C'est un hebdomadaire d'informations dont le style se base sur les newsmagazines américains comme *Time*.

5 Mon fils lit *Le Journal des Enfants* en classe. C'est un journal d'actualité destiné aux enfants d'environ huit à dix ans, et qui est publié chaque semaine. Il explique les grands événements de manière simplifiée, mais en même temps sans condescendance.

6 Qui a le temps de lire tout un journal tous les jours? Pas moi! Je lis quelquefois les titres à la une et si vraiment il y avait quelque chose qui m'attirait, je lirais peut-être l'article complet mais très vite.

7 Je lis régulièrement *La Croix*. C'est le grand quotidien catholique français qui accorde bien sûr une importance aux informations religieuses, mais offre aussi des articles sur les grands problèmes politiques.

3b Students listen to the recording again and decide which group of key words belongs to each speaker. They then use these key words to summarise the content of each extract.

Answers:

1 *c* 2 *e* 3 *a* 4 *g* 5 *f* 6 *b* 7 *d*

Possible summaries:

1 *'Phosphore' est un mensuel destiné aux **lycéens**, qui a des articles sur des sujets qui touchent les jeunes, comme **l'orientation**, **la boulimie** et **la musique**.*

2 *'Le Monde' est un journal de **référence**, qui propose des **informations** et des **commentaires**.*

3 *'Le Canard enchaîné' est un journal **satirique**, qui est admiré pour son **indépendance** et son **ton ironique**.*

4 *'L'Express' est un hebdomadaire du **style américain** qui offre des **informations mondiales**.*

5 *'Le Journal des Enfants' est un hebdomadaire **destiné aux enfants** qui explique **les grands événements** de manière **simplifiée**.*

6 *En général, cette personne ne lit que **les titres à la une**, mais quelquefois elle lit **un article complet**.*

7 *'La Croix' est un quotidien **catholique** où on trouve des **informations religieuses**.*

3c Students listen to the recording again and note one additional detail for each extract.

Possible answers:

1 *des articles sur l'immigration, le film du mois, les trois CD de ma vie*

2 *sérieux, variété*

3 *pas le temps de lire un journal tous les jours, une des plus solides institutions de la presse française*

4 *aller au fond des choses, basé sur les newsmagazines comme 'Time'*

5 *enfants de huit à dix ans, sans condescendance*

6 *pas le temps de lire un journal tous les jours, lit un article très vite*

7 *articles sur les grands problèmes politiques*

4 Students work in pairs to interview each other about their own reading habits. Five questions are suggested, but more able students could go on to ask further questions. Key structures for answers are given in the *Expressions-clés*. This could be followed up by students giving a brief oral summary of their partner's reading habits to the class, e.g. *Elle ne lit pas régulièrement un journal, parce qu'elle n'a pas assez de temps ...*

5 Guided writing task. Students write a paragraph comparing the French and the British press, referring to the sectors covered by the article on page 52 (newspapers, magazines and free newspapers) and using vocabulary and structures from the previous activities. Remind them of phrases that are useful when comparing and contrasting, e.g. *par contre, tandis que, alors que, mais*.

Follow-up activity:

More open writing task. Students write a paragraph describing the newspapers and magazines they read and giving their opinions of the press. This activity encourages them to reuse structures practised earlier in this unit to express opinions.

C 11 Copymaster 11 provides additional speaking activities on the theme of the press and attitudes to privacy.

Grammaire active

page 54

Planner

Grammar focus
- Negatives
- Verbs followed by an infinitive

Resources
- Students' Book page 54

Negatives

Students are reminded to use different negatives when expressing opinions to add variety and force to their language.

1a Students write out a letter of complaint, completing the negatives.

Answers:
*Je ne connais **personne** qui regarde les émissions sportives, mais chaque week-end il n'y a **rien** d'autre à la télévision! On ne diffuse **ni** films, **ni** divertissements – il n'y a **que** d'interminables matchs de foot, de rugby, etc. Cela ne me plaît **pas** du tout, et depuis six mois maintenant, je ne regarde **plus** la télévision le week-end!*

1b Students write a letter to the magazine *Télé Z* complaining about reality TV shows, using the letter from activity 1a as a model. Encourage them to include all six negatives.

Verbs followed by an infinitive

Students are reminded of common verbs which are followed by an infinitive. Using these structures will increase the complexity of their language and gain them quality of language marks at AS level.

2a Students complete sentences using the phrases provided.

Answers:
a *La publicité semble **dominer notre société**.*
b *Tout le monde aime **regarder les publicités sophistiquées à la télévision**.*
c *Il ne faut pas **ignorer l'influence de la publicité sur les enfants**.*
d *Les enfants veulent **avoir tous les jouets qu'ils ont vus à l'écran**.*
e *Ils doivent **comprendre que ce n'est pas possible**.*

2b Students move on to a more open task, making up their own endings to five sentences. They must refer to attitudes to the media and use a phrase including an infinitive.

Possible answers:
a *Beaucoup de jeunes détestent **regarder le journal télévisé**.*
b *La plupart des personnes âgées préfèrent **écouter la radio**.*
c *Les lycéens aiment **lire le magazine 'Phosphore'**.*
d *Les fanas de sport peuvent **regarder des émissions en direct à la télévision**.*
e *Les filles qui s'intéressent à la mode veulent **voir les nouveaux vêtements dans les magazines**.*

Au choix

page 55

Planner

Resources
- Students' Book page 55
- CD 2 track 6

1a Students read and listen to a review of a documentary about the world poker tournament in Las Vegas. They suggest a subtitle for each paragraph.

Answers:
1 *un tournoi mondial*
2 *un champion revient*
3 *la belle dame sans merci*
4 *le professionnel qui ne dort pas*
5 *le champion du Web*
6 *la passion et le stress*

CD 2 track 6   **p. 55, activité 1a**
That's poker!

Ce remarquable documentaire a suivi quatre joueurs à la veille des 'World Series of Poker', un des plus grands tournois de poker du monde, qui se tient à Las Vegas, chaque année, à partir du 1er juin. Durant sept semaines, plus de 30 000 joueurs vont s'affronter en 40 tournois, 12 heures par jour, sept jours sur sept. Avec des mises variant de 1 000 à 50 000 dollars et des gains de 200 000 à 12 millions de dollars.

Le réalisateur a suivi les joies et les déboires de Joe Hachem, champion du monde 2005. Australien d'origine libanaise, il n'a pas 40 ans lorsqu'il accède à ce titre suprême qui lui a rapporté 7,5 millions de dollars. Austère, concentré, pratiquant un jeu agressif et tactique, ce joueur est l'objet de toutes les convoitises. Il est l'homme à abattre.

Isabelle Mercier, elle, est la femme à abattre. Cette Canadienne de 30 ans, joueuse professionnelle – elle joue depuis l'âge de quatre ans! – incroyablement rapide, est une championne redoutée. On la surnomme d'ailleurs 'No Mercy' (Sans Pitié). Avocate, elle a tout vendu – son cabinet d'avocat, ses meubles, ses vêtements – pour être à Las Vegas. "Le poker", dit-elle, "c'est comme la guerre".

Fabrice Soulier a lui aussi tout plaqué pour vivre sa passion à Las Vegas. Cet Avignonnais, qui a financé ses études en jouant au poker et qui est devenu réalisateur de télévision tout en passant ses nuits à l'Aviation Club de France, haut lieu du poker parisien, est un des seuls joueurs français professionnels à Las Vegas.

Enfin, il y a ce beau gosse italien de 27 ans, Luca Pagano, spécialiste de poker sur Internet, tombé dans le jeu tout petit. Un grand-père champion et un père propriétaire d'un cercle de poker. Difficile de faire mieux! Symbole de cette nouvelle génération de joueurs issus de la Toile, il participe activement à de grandes parties de cash-game.

Rien des émotions de ces quatre fanatiques du poker ne nous est caché. On les vit avec eux. Ils acceptent de se livrer totalement devant la caméra. On les voit rire, pleurer de rage, le visage tendu, souriant quelquefois, toujours crispé. Même si le public ne connaît rien au poker, il comprendra vite que le but de chaque joueur est de pousser ses adversaires à miser le plus d'argent possible pour augmenter ses gains.

'That's poker, man …'

1b Students read short descriptions and decide which player they refer to.

Answers:

a	*Fabrice*	b	*Joe*	c	*Isabelle*
d	*Fabrice*	e	*Isabelle*	f	*Luca*

1c Students summarise the final paragraph in English. Do not expect a precise translation.

Translation (for teacher's reference):

None of the emotions felt by these fanatical poker players is concealed from us. We experience them all with the players. They are willing to give themselves up completely to the camera. We see them laugh, cry with rage, we see their faces tense, sometimes smiling, always contorted. Even if the viewers know nothing about poker, they soon understand that every player's aim is to force their opponents to bet the largest sum of money possible in order to increase their winnings.

2 Speaking activity. Students work in pairs to prepare a TV news report from Las Vegas. One student plays the role of a poker player from the text; their partner is a TV reporter interviewing them about the tournament and their life.

3 Writing/ICT activity. Students prepare a poster in French advertising the documentary and targeting viewers who are not normally interested in poker.

Unité 4 Les nouveaux médias et la musique

Unit objectives

By the end of this unit students will be able to:

♦ Discuss the importance of music and downloads for young people
♦ Explain the popularity of blogs and wikis
♦ Talk about issues relating to mobile phones
♦ Discuss the role of the Internet

Grammar

By the end of this unit students will be able to:

♦ Use the perfect tense
♦ Use direct object pronouns
♦ Use possessive adjectives and understand possessive pronouns
♦ Use *depuis* and *venir de*
♦ Use *après avoir* and *après être*

Skills

By the end of this unit students will be able to:

♦ Understand statistics and comment on them
♦ Understand the link between French and English suffixes
♦ Take notes when listening

pages 56–57

1a Students try to identify five photographs of items relating to computers and music.

Answers:
1 *un téléphone portable*
2 *une enceinte*
3 *un ordinateur portable*
4 *un appareil-photo numérique*
5 *un lecteur MP3*

 1b Students listen to the recording to check their answers to activity 1a.

> **CD 2 track 7**　　　　　　　**p. 56, activité 1b**
>
> 1　Le numéro 1, c'est un telephone portable.
> 2　Le numéro 2, c'est une enceinte.
> 3　Le numéro 3, c'est un ordinateur portable.
> 4　Le numéro 4, c'est un appareil-photo numérique.
> 5　Le numéro 5, c'est un lecteur MP3.

2a Students list activities using new media, based on a visual stimulus. Encourage them to recall verbs from GCSE and Unit 1, and to go beyond the activities illustrated.

Possible answers:

chatter, écouter de la musique, écrire des e-mails, regarder un DVD, téléphoner aux amis, surfer sur Internet, télécharger de la musique

2b Students discuss in groups how often they do the activities they have listed.

3a Students complete a text about instant messaging using figures from the box. They can work out most of the answers by logic. This activity also offers the opportunity to revise numbers, which will be needed for the work on statistics in this unit.

Answers:
a *1997*
b *6,8 millions*
c *3,5 millions*
d *8 millions*
e *25 ans*

3b Students translate English phrases into French with the help of the texts in activity 3a. This is an introduction to key phrases for discussing statistics.

Answers:
a *en 1997*
b *6,8 millions de Français*
c *un jeune sur trois*
d *le nombre total dépasse les 8 millions*
e *la moitié*
f *moins de 25 ans*

3c In pairs, students discuss their own experience of instant messaging. They say whether they enjoy chatting online, how much time they spend chatting, who they chat to and why they enjoy it.

As a follow-up, students could report back to the class on their partner's chatting habits.

4 Students read a text in chat language and try to work out what the words would be in correct French. A translation is given.

La musique et les jeunes

pages 58–59

Planner

Grammar focus

- The perfect tense

Skills focus

- Dealing with statistics

Key language

- numbers 1–100
- *la moitié (de), un tiers (de), un quart (de), environ, presque, plus/moins/autant de*
- *écouter de la musique, télécharger de la musique, assister à un concert, enregistrer*
- *un(e) artiste, un baladeur, un fichier, un(e) internaute, un lecteur MP3*
- *tous les jours, plusieurs fois par semaine, seulement pendant les vacances, occasionnellement, rarement, jamais*

Resources

- Students' Book pages 58–59
- CD 2 track 8
- Grammar Workbook page 38
- Copymasters 17 and 18

---

1 As a starter activity, students work in pairs discussing how important music is to them. They ask each other questions about their music preferences, whether they listen to the radio, CDs, MP3 files, etc. and how much time they have spent listening to music today.

2a Students read a short text about the importance of music for young people.

2b Students find synonyms in the text for French expressions.

Answers:

a *l'univers des jeunes*

b *leur vie quotidienne*

c *une distraction*

d *la sociabilité*

e *des dimensions majeures*

2c Students state briefly whether they agree with the points made in the article.

3a Students study a chart of statistics indicating how much time French people of different ages spent

listening to music in the previous year. They complete sentences with figures and phrases.

Answers:

a *67%*

b *4%*

c *plusieurs fois par semaine*

d *60*

e *les autres Français (various answers possible)*

f *les autres Français (various answers possible)*

g *tous les jours*

 3b Students listen to interviews carried out as part of the survey and note how much time each person spent listening to music in the previous year.

Answers:

1 *plusieurs fois par semaine*

2 *tous les jours*

3 *seulement pendant les vacances ou rarement*

CD 2 track 8   **p. 58, activité 3b**

1 – Bonjour, monsieur. Au cours des douze derniers mois, avez-vous écouté des CD ou des disques, que ce soit chez vous ou ailleurs?

– Oui, bien sûr. Mais cette année a mal commencé, vous savez, parce que j'ai laissé tomber mon baladeur au mois de janvier, et il n'a plus marché après. J'ai décidé d'acheter un lecteur MP3, mais j'ai mis quelques semaines à choisir le meilleur modèle. Alors, pendant un mois à peu près, je n'ai écouté de la musique que chez mes copains. Maintenant, tout va bien, j'écoute de la musique trois ou quatre fois par semaine – pas autant que la plupart des gens de mon âge, je pense.

2 – Bonjour, madame. Au cours des douze derniers mois, avez-vous écouté des CD ou des disques, que ce soit chez vous ou ailleurs?

– Moi, je ne pourrais pas vivre sans musique! Ce matin, par exemple, je me suis réveillée et j'ai mis la radio tout de suite. Je suis montée dans le bus, et j'ai encore écouté de la musique, ça a fait passer le temps. La musique m'aide toujours à me détendre – j'en écoute chaque jour, sans exception. Ça fait partie de ma vie.

3 – Bonjour, monsieur. Au cours des douze derniers mois, avez-vous écouté des CD ou des disques, que ce soit chez vous ou ailleurs?

– Moi, j'adore la musique, mais je n'écoute pas souvent de CD. Il y a deux ans, je suis allé à un concert de rock incroyable, et j'ai compris que ce qui compte pour moi, c'est la musique jouée devant un public. Après ce concert, j'ai trouvé mes CD peu intéressants et j'ai arrêté de les écouter. J'ai commencé à jouer dans un groupe de rock et j'ai essayé d'assister au plus de concerts

---

> possibles … mais je n'ai plus acheté de CD. Maintenant, j'écoute toujours mes vieux CD quand je pars en vacances ou si je suis malade, mais c'est tout.

3c Students carry out the same survey in class and compare their answers with the young French people interviewed.

Compétences

Talking about statistics

Students are given the following advice on dealing with statistics:

♦ Make sure they understand what the figures refer to, e.g. percentages, numbers in millions, etc.
♦ Make sure they know the numbers in French, including years, large numbers and decimals. They are reminded that a decimal point is written as a comma – *virgule* – in French.
♦ Try to use phrases such as 'half' or 'one in ten' as well as stating percentages.
♦ Try to interpret figures and make comparisons, using phrases like *plus/moins/autant de.*

A Students look back at activity 3a and note the different structures used to discuss the statistics.

C 18 See Copymaster 18 for further activities on talking about statistics.

Grammaire

The perfect tense: 'le passé composé'

Students are reminded of the rules for forming the perfect tense with both *avoir* and *être*.

 A Students listen again to the first speaker on the activity 3b recording and complete phrases with the correct perfect tense verbs.

Answers:
1 *cette année a mal commencé*
2 *j'ai laissé tomber …*
3 *et il n'a plus marché après*
4 *j'ai décidé d'acheter …*

 B Students form perfect tenses from the infinitives provided, then check their answers by listening to the second speaker on the activity 3b recording. (Note: The speaker is female, so students will need to add feminine endings to the past participles where required.)

Answers:
1 *je me suis réveillée*
2 *j'ai mis*
3 *je suis montée*
4 *j'ai arrêté de …*

 C Students choose the appropriate verb to complete phrases in the perfect tense, then check their answers by listening to the third speaker on the activity 3b recording.

Answers:
1 *je suis allé*
2 *j'ai compris*
3 *j'ai trouvé*
4 *j'… de les écouter*

D Students use their answers from the previous activities to write a short report on what two of the speakers said, using the *il/elle* form of the verbs in the perfect tense.

C 17 Additional activities to practice the perfect tense are provided on Copymaster 17.

4a Students study a chart relating to illegal downloads from the Internet. They make up five sentences about the statistics, using the expressions already practised.

4b Students say whether they have ever downloaded music illegally and whether they still do this.

5a Students read statements about music downloads and decide whether each is positive or negative.

Answers:
Affirmations positives: a, b, d, f
Affirmations négatives: c, e

5b Students say which statements they agree with.

6 Students write a paragraph on the importance of music for young people in France, including statistics and examples using the perfect tense.

Aimez-vous bloguer?

pages 60–61

Planner

Grammar focus

♦ Direct object pronouns

Skills focus

♦ Extending your vocabulary – suffixes

Key language

♦ *un blog, un blogueur, une blogueuse*
♦ *créer, s'exprimer, traiter un thème/un sujet, communiquer, mentir*
♦ *bloguer, mettre (sur un blog/en ligne), enregistrer, diffuser*

Resources

♦ Students' Book pages 60–61
♦ CD 2 track 9
♦ Grammar Workbook page 23
♦ Copymaster 14

1a Students read an article in which a student, Coralie, describes her blog. They study the list of themes and match each one to a paragraph of the text.

Answers:

a *1* **b** *3* **c** *2* **d** *3* **e** *1*

1b Students find synonyms in the text for the phrases given.

Answers:

a *sa propre opinion*
b *je donne mon avis*
c *je ne supprime aucun commentaire d'internaute*
d *elles se disent que l'anonymat les protège des jugements*
e *l'actualité*

2 In pairs, students ask each other if they have a blog. They discuss the blogs they enjoy reading and the topics which interest them.

3a Students listen to three French teenagers talking about their blogs. For each speaker, they note:

a why he/she started the blog
b the topics he/she deals with
c the topics he/she refuses to deal with.

Answers:

1 a *pour s'amuser*
  b *des photos, des blagues, des vidéos*
  c *ses problèmes personnels, ses émotions*
2 a *pour communiquer avec les autres qui aiment la musique*
  b *la musique, les vidéos, ses commentaires et celles des autres*
  c *le lycée (les profs, le travail scolaire)*
3 a *elle était malheureuse, elle se sentait isolée*
  b *ses problèmes*
  c *des photos personnelles*

CD 2 track 9 **p. 60, activité 3**

1 Je m'appelle Claire, j'ai 17 ans et j'ai créé mon blog il y a un an, à peu près. Je l'ai fait surtout pour m'amuser, donc j'y mets des photos amusantes de mes amis, des blagues, etc. Quand je trouve une petite vidéo qui me fait rire, je la mets tout de suite sur mon blog. Mais je n'y décrirais jamais mes problèmes personnels, mes émotions, etc. – non, jamais. Ça, c'est ma vie intime, et je ne veux pas la partager avec n'importe qui.

2 Je m'appelle Kévin et j'ai 19 ans. Je me passionne pour la musique et grâce à mon blog, je peux communiquer avec les autres qui l'aiment et qui ont les mêmes goûts que moi. Dès que je découvre un morceau qui me plaît, je le mets en ligne, pour le partager avec les internautes partout dans le monde. Sur mon blog, on trouve surtout des musiques et des vidéos, et en plus il y a mes commentaires et ceux des autres. Je n'y mets rien au sujet du lycée; si j'ai envie de parler des profs ou du travail, je le fais avec les copains.

3 Je suis Léa, j'ai 18 ans. L'année dernière, j'étais très malheureuse, j'avais plein de problèmes au lycée et je me sentais très isolée. Mon blog m'a beaucoup aidée à sortir de ma dépression. J'ai pu parler librement de mes problèmes, les analyser et finalement les résoudre. Le plus important, c'est que ton blog est anonyme, personne ne sait qui l'écrit. C'est pour cette raison que je n'ai jamais mis de photos personnelles sur mon blog, et en plus, n'importe qui pourrait les consulter. Maintenant tout va bien, je n'ai plus besoin de mon blog et je l'ai abandonné.

3b Students attribute each of the statements a–j to a speaker from the activity 3a recording.

Answers:

a *Kévin* **b** *Claire* **c** *Léa* **d** *Léa* **e** *Léa*
f *Kévin* **g** *Claire* **h** *Léa* **i** *Claire* **j** *Léa*

3c Students listen to the recording again to check their answers to activity 3b.

Grammaire

Direct object pronouns

This section focuses on direct object pronouns and the preceding direct object rule.

A Students study the sentences in activity 3b and identify the direct object pronouns.

Answers:
a ... *je **le** mets en ligne*
b ... *je ne veux pas **la** partager ...*
c *Mon blog **m**'a beaucoup aidée ...*
d ... *personne ne sait qui **l**'écrit*
e ...*je **l**'ai abandonné*
f ...*je **le** fais avec les copains*
g *Je **l**'ai fait ...*
h ... ***les** analyser et finalement **les** résoudre*
i ... *une petite vidéo qui **me** fait rire, je **la** mets ...*
j ... *n'importe qui pourrait **les** consulter*

B Students translate sentences a–j into English.

Answers:
a *When I find a piece I like, I put it online.*
b *It's my private life and I don't want to share it with everyone.*
c *My blog helped me a lot to come out of my depression.*
d *The most important thing is that your blog is anonymous, no one knows who's writing it.*
e *I don't need my blog any more and I've given it up.*
f *If I want to discuss teachers or work, I do it with my friends.*
g *I did it mainly for fun.*
h *I could speak freely about my problems, analyse them and eventually solve them.*
i *When I find a video clip which makes me laugh, I put it on my blog straight away.*
j *I've never put personal photos on my blog and besides, anyone could look at them.*

C Students find in sentences a–j an example of the preceding direct object rule.

Answer:
*Mon blog **m**'a beaucoup aidée ...*

4a Students read two passages about blogs and wikis and list the arguments for and against.

Answers:

Pour:
♦ *un blog représente un moyen de communiquer*
♦ *l'ampleur du wikipédia, sa profondeur, la richesse de ses références*

♦ *il est formidable de pouvoir consulter une encyclopédie comme ça chez soi, et à toute heure*
♦ *chez le wikipédia, chacun a la liberté d'écrire ce qu'il veut*

Contre:
♦ *les blogs exercent une très mauvaise influence sur les jeunes*
♦ *les blogs incitent les jeunes à exprimer des opinions bizarres pour attirer l'attention des autres internautes*
♦ *les jeunes blogueurs critiquent leurs profs et ils partagent des photos gênantes, sans penser à leurs victimes*
♦ *il existe des blogueurs qui mentent, et qui inventent des problèmes ou des histoires amoureuses pour s'amuser*
♦ *un blog mène facilement à l'égoïsme et à l'isolement*
♦ *on ne sait jamais si les articles du wikipédia sont fiables, et il est difficile quelquefois de distinguer entre les faits et les opinions*
♦ *il y a certains groupes qui utilisent le wikipédia pour faire de la propagande*

4b Students write a reply to one of the texts in defence of blogs and wikis.

C 14 Further activities based on a listening text on the theme of chatting online are provided on Copymaster 14.

Compétences

Suffixes

Students are reminded that many words in English and French are very similar and the endings of nouns often follow certain patterns in both languages. This can help students to work out the meaning and gender of an unfamiliar word.

Follow-up activity:
Provide the following table of related French and English nouns and suffixes. Ask students to fill in the right-hand column by adding an example of each suffix from the texts on pages 60–61.

English ending	English example	French ending	French example 1	Gender	French example 2
-em	system	-ème	un système	masculine	
-ity	popularity	-ité	la popularité	feminine	
-ment	government	-ment	le gouvernement	masculine	
-tion	nation	-tion	la nation	feminine	

Possible answers:

*le problème, la mentalité/l'interactivité/l'actualité,
un argument/un jugement/l'isolement,
l'adoption/l'attention*

Le téléphone portable

pages 62–63

Planner

Grammar focus

♦ Possessive adjectives
♦ Possessive pronouns

Skills focus

♦ Taking notes when listening

Key language

♦ *un mobile, un photophone, un portable*
♦ *appeler, arracher, dépanner, déranger,
  emmener, éteindre, se faire racketter, interdire,
  joindre, prévenir, se sentir, tolérer, utiliser*
♦ *envoyer/recevoir (une photo/un message/un
  texto/un SMS)*
♦ *l'accès sans fil à Internet, un appareil-photo
  intégré, une sonnerie*

Resources

♦ Students' Book pages 62–63
♦ CD 2 track 10
♦ Grammar Workbook page 7
♦ Copymaster 15

 1a Students listen to teenagers talking about mobile phones and follow the text. They decide whether each opinion is positive or negative.

Answers:

Positif: Bérangère, Arnaud, Julien
Négatif: Faustine, Bénédicte, Pierre-Yves

CD 2 track 10   **p. 62, activité 1a**

Pour mes copines et moi, avoir un portable est très important. On peut s'appeler sans passer par nos parents et on est toujours en contact. Avec mon photophone, je peux aussi envoyer des photos aux autres. Pour les jeunes aujourd'hui, les mobiles sont indispensables. Mes parents utilisent les leurs seulement de temps en temps, mais nous n'éteignons jamais les nôtres.
Bérangère, 17 ans

Le portable peut vraiment dépanner dans certaines situations. Si on rate le bus, on peut envoyer un message pour prévenir les parents. Les miens me laissent plus facilement sortir le soir; ça les rassure de savoir qu'ils peuvent me joindre à tout moment.
Arnaud, 16 ans

Les nouveaux portables ne sont pas de simples téléphones. Le mien a un appareil-photo intégré et plusieurs jeux. Mais le mobile de ma copine offre aussi un lecteur MP3 et l'accès sans fil à Internet. Elle peut surfer sur Internet, recevoir et envoyer des e-mails. Mon portable est déjà assez sophistiqué, mais le sien est vraiment un objet à tout faire!
Julien, 18 ans

Le téléphone portable pour les ados n'est pas forcément une bonne chose. C'est un objet de convoitise supplémentaire. Avant on se faisait racketter des montres, maintenant on nous arrache nos lecteurs MP3 et nos téléphones portables dans la rue. Le mien est assez vieux, mais quand je sors en ville le soir, je n'aime pas l'utiliser. Je ne veux pas attirer l'attention des délinquants.
Faustine, 17 ans

Les téléphones portables sont une mode. Presque tout le monde en a un. Mais un mobile coûte cher et en plus, il faut payer un forfait tous les mois. Ce n'est pas facile pour tout le monde. Les enfants de familles modestes qui n'ont pas de portable se sentent exclus quand ils entendent toujours 'le mien est mieux que le tien!'.
Bénédicte, 16 ans

Il faut interdire le téléphone portable en classe. Certains ados emmènent le leur partout avec eux et ne l'éteignent jamais. Les portables sonnent pendant les heures de cours et dérangent les profs et les autres élèves. En ville ou dans le train, on tolère les sonneries constantes et les gens qui parlent sans cesse à haute voix, mais le travail scolaire demande de la concentration.
Lénaïc, 19 ans

1b Students use a bilingual dictionary to find the meanings of verbs highlighted in the text.

Answers:

a *utiliser* – to use
b *éteindre* – to switch off
c *dépanner* – to help out
d *prévenir* – to warn
e *joindre* – to contact
f *se faire racketter* – to be mugged
g *arracher* – to seize
h *se sentir* – to feel
i *interdire* – to forbid
j *emmener* – to take
k *déranger* – to disturb

l   *tolérer* – to tolerate

1c   Students match halves of sentences relating to the text.

Answers:

1 *e*   **2** *b*   **3** *d*   **4** *a*   **5** *f*   **6** *c*

1d   Students reread the text and note three arguments in favour of mobile phones and three against.

Possible answers:

Pour: *on peut s'appeler sans passer par les parents; on est toujours en contact; on peut envoyer des photos; si on rate le bus, on peut envoyer un message; ça rassure les parents*

Contre: *c'est un objet de convoitise supplémentaire; les délinquants arrachent les téléphones portables dans la rue; un mobile coûte cher; les enfants de familles modestes qui n'ont pas de portable se sentent exclus; les portables qui sonnent en classe dérangent les profs et les autres élèves*

Grammaire

Possessive adjectives

Students are reminded of the different possessive adjectives and of agreements.

A   Students find six examples of possessive adjectives in the texts on page 62 and in activity 1c, and translate them into English.

Answers:

any six of:

mes copines – my friends, *nos parents* – our parents, *mon photophone* – my camera phone, *mes parents* – my parents, *ma copine* – my girlfriend, *mon portable* – my mobile, *nos lecteurs MP3* – our MP3 players, *nos téléphones portables* – our mobiles, *son portable* – her mobile, *leur portable* – their mobiles, *leur fils* – their son, *ses copines* – her friends, *leurs mobiles* – their mobiles

B   Students complete each sentence with the correct possessive adjective.

Answers:

1 *son nouveau portable*

2 *leurs enfants*

3 *notre classe*

Possessive pronouns

Students are introduced to the different possessive pronouns. Active use of these is not required for AS level, but students should recognise and understand them.

C   Students find more examples of possessive pronouns in the text on page 62 and list them in chart form, noting the noun they refer to and its gender and number.

Answers:

possessive pronoun	refers to	masculine or feminine?	singular or plural?	English meaning
les leurs	*les mobiles*	masculine	plural	theirs
les nôtres	*les mobiles*	masculine	plural	ours
les miens	*les parents*	masculine	plural	mine
le mien	*le portable*	masculine	singular	mine
le sien	*le portable*	masculine	singular	hers
le tien	*le portable*	masculine	singular	yours
le leur	*le portable*	masculine	singular	theirs

Compétences

Taking notes when listening

Students are reminded about basic rules for tackling listening activities.

Before listening, they should:

♦ read the questions and instructions carefully and make sure they know exactly what information to listen for

♦ think about the sort of language they will hear and the general theme, and try to predict likely answers

♦ check whether to answer in French or English, and in notes or full sentences

♦ if numbers are included, make sure they know numbers in French. They are advised to write any numbers in their answers as figures, not in words.

After listening, students should use their general knowledge to check that their answers make sense.

   2a Students listen to the first part of a recording about the history of mobile phones and complete the sentences.

Before listening, they should prepare according to the advice given in the *Compétences* section, e.g. they should be able to work out that in question a, *en* will be followed by a date and/or the name of a country.

Answers:

a   *1979* or *Suède*

b   *1983*

c   *une brique, 800 g*

d   *3 300 euros*

e *milliers, des listes d'attente*

CD 2 track 11   **p. 63, activités 2a et 2b**

En 1979, le premier téléphone portable voit le jour en Suède. Quatre ans plus tard, en 1983, Motorola lance le premier téléphone portable commercialisé au monde. Il a la taille d'une brique, c'est à dire 33 cm, et il pèse 800 g. Son autonomie en communication est d'une heure à peine. Malgré son prix élevé (3 300 euros), des milliers de gens s'inscrivent sur des listes d'attente pour l'acheter.

En **2005**, plus de **600 millions** de téléphones portables ont été vendus dans le monde. Il y a actuellement **2 milliards** d'abonnés au téléphone portable dans le monde. Ce chiffre pourrait atteindre **3 milliards** en **2010**.

En **2005**, les **Européens** ont envoyé **113 milliards** de SMS (Short Message Services). Mais le record est détenu par **la Chine**, avec **274 millions** de SMS envoyés.

43 millions de **Français** possèdent un téléphone portable, soit environ **deux tiers** de la population. Plus de **9** jeunes sur **10** utilisent un mobile.

2b Students listen to the second part of the recording and complete a gapped text.

Answers:
see bold text in transcript above

3 This is both a writing and a speaking activity to reinforce the language and ideas relating to the topic. Students work in pairs to prepare PowerPoint presentations on the advantages and disadvantages of mobile phones, which they deliver to the class. Remind them to reuse language from the previous activities and to aim to talk about their slides rather than read them aloud.

After correction, handouts of all the presentations could be given to all students.

C 15   Additional speaking activities on the theme of mobile phones and Internet use are provided on Copymaster 15.

Les jeunes sur la Planète Internet

pages 64–65

Planner

Grammar focus

♦ *venir de* + infinitive
♦ *depuis* + present tense
♦ *après avoir/après être* + past participle

Key language

♦ *une commande, le cybermarché, un e-mail, le fichier, le forum, un(e) internaute, la livraison, la messagerie électronique, un moteur de recherche, le Net, un ordinateur portable, le site, la société virtuelle, la Toile, le Web*
♦ *en ligne*
♦ *utiliser Internet pour (le travail scolaire/la messagerie électronique), utiliser un dictionnaire en ligne, faire ses achats en ligne, faire des recherches sur le Web, organiser ses vacances, s'informer au sujet de la politique*

Resources

♦ Students' Book pages 64–65
♦ CD 2 track 12
♦ Grammar Workbook pages 65 and 74
♦ Copymaster 16

1a As a starter activity, students identify four synonyms for *Internet*.

Answers:
le Web, la Toile, en ligne, le Net

1b Students use a bilingual dictionary to find the meanings of the other words.

Answers:
un(e) internaute – Internet user
un e-mail – an email
le cybermarché – e-marketplace
un moteur de recherche – a search engine
un ordinateur portable – a laptop
la livraison – delivery
une commande – an order
la société virtuelle – virtual society, e-community
la messagerie électronique – electronic messaging, email
le forum – forum
le site – website
le fichier – file

1c Students discuss with a partner how they use the Internet.

2a Students read for gist six texts by French teenagers saying what they like about the Internet and how they have used it recently. They match the texts to the pictures.

Answers:

1 *D*   2 *E*   3 *F*   4 *B*   5 *A*   6 *C*

2b Students look at the brief statements a–f and reread the six texts. They decide whose point of view each statement represents.

Answers:

a *Amélie*   **b** *Alexandre*   **c** *Benjamin*

d *Elodie*   **e** *Nicolas*   **f** *Julie*

2c Students complete a multiple-choice activity.

Answers:

1 *a*   2 *a*   3 c   4 *b*   5 *a*   6 *c*

At this point, students could work through the grammar explanation of *venir de* in the *Grammaire* section, followed by activity A, which is based on the text on page 64 and sentences from activity 2c.

3a The parents of the teenagers featured on page 64 speak about their worries regarding the Internet. As an initial gist listening activity, students match the parents with their children.

Answers:

a *M. Martin: Benjamin*

b *Mme Leblanc: Julie*

c *M. Blondin: Amélie*

d *Mme Aubert: Elodie*

e *M. Malherbe: Alexandre*

f *Mme Bertin: Nicolas*

CD 2 track 12   **p. 65, activités 3a et 3b**

a Depuis plusieurs mois, mon fils fait beaucoup d'achats en ligne. Il vient d'acheter un appareil-photo, qui n'était pas cher du tout. Mais après avoir payé l'appareil avec ma carte de crédit, j'ai lu un article sur les risques de vol ou de fraude. Comment savoir si mon fils utilise des sites sécurisés? En plus, que font les gens qui n'ont pas de carte bancaire? Il est évident qu'ils sont défavorisés.

b Ma fille surfe sur le Net depuis plus de deux ans et je sais qu'elle a approfondi ses connaissances en langues et en culture. Mais je viens de remarquer qu'elle ne lit plus, ce qui est dommage. Après avoir découvert Internet, elle a abandonné son dictionnaire et ses livres scolaires. Internet, va-t-il remplacer les livres à l'avenir?

---

c Ma fille vient de rentrer de l'Amérique, après avoir fait un échange avec une jeune Américaine. Depuis son retour, elle ne sort plus avec ses copains d'ici, elle passe tous les soirs à écrire des e-mails à ses amis transatlantiques. On parle toujours de l'interactivité, mais à mon avis, Internet peut créer l'isolement.

d Moi, je travaille dans une agence de voyages et je constate que, depuis l'arrivée d'Internet, nous avons de moins en moins de clients. Je comprends ça; ma propre fille vient d'organiser un voyage à Londres en ligne. Après avoir profité des prix bas sur la Toile, les voyageurs ne vont plus consulter les spécialistes. Mais si les agences ferment, que feront les gens qui ne sont pas connectés à Internet?

e Depuis 2004, mon fils utilise Internet comme une bibliothèque virtuelle. C'est un lycéen sérieux, qui vient d'obtenir une très bonne note pour sa dernière rédaction au sujet de l'immigration. Mais il y a des problèmes quand on utilise Internet pour le travail scolaire. On ne sait pas toujours si les informations diffusées sont objectives ou fiables.

f Mon fils m'inquiète beaucoup. Je viens d'apprendre que, depuis quelques semaines, il visite des sites qui diffusent des idées politiques fort dangereuses. A mon avis, il existe trop de sites au contenu immoral, des sites pornographiques ou qui incitent à la violence et au racisme. Comment peut-on réglementer Internet? Et comment pouvons-nous, nous les parents, protéger nos enfants des mauvaises influences?

3b Students listen again and decide which problems (a–h) are mentioned by each parent.

Answers:

M. Martin: a, f	*Mme Aubert: g*
Mme Leblanc: h	*M. Malherbe: e*
M. Blondin: c	*Mme Bertin: b, d*

4 Students write a paragraph on the topic *Internet fait partie de la vie aujourd'hui*, explaining whether or not they agree with this statement. If appropriate, provide the following *Questions-clés* as guidance:

♦ *Qu'est-ce qu'on peut faire en ligne?*

♦ *Comment utilisez-vous Internet? Depuis combien de temps? Qu'est-ce que vous venez de faire en ligne?*

♦ *Quels sont les avantages d'Internet? Quels problèmes crée-t-il?*

C 16   An additional reading activity about video downloads is provided on Copymaster 16.

Grammaire

Expressions that use different tenses in French and English

This explains three structures that use different tenses in French and English: *venir de*, *depuis* and *après avoir/après être*.

You may wish to deal with each structure and the corresponding activities separately, depending on the ability of students in your class. Alternatively, activities A, C, D, and E could be incorporated into work on the reading text and activity B included with work on the listening text.

♦ *venir de* + **infinitive (to have just done something)**

A Students study the six texts on page 64 and the sentences in activity 2c. They list five examples of sentences using *venir de* and translate them into English.

Answers:

Accept any five sentences, e.g.

Je viens de rentrer d'un week-end super à Londres. – I've just come back from a great weekend in London.

Je viens de découvrir des sites espagnols ... – I've just discovered some Spanish websites ...

Je viens d'examiner des sites où l'on exprime des opinions assez extrêmes ... – I've just looked at some websites where the views expressed are quite extreme ...

Je viens d'acheter un appareil-photo à carte mémoire au cybermarché. – I've just bought a digital camera online.

Je viens de préparer une dissertation au sujet de l'immigration en France ... – I've just prepared an essay about immigration in France ...

 B Students listen again to the activity 3 recording. They write down the phrase each parent uses which includes *venir de*, and translate it into English.

Answers:

a *Il vient d'acheter un appareil-photo ...* – He has just bought a camera ...

b *Je viens de remarquer qu'elle ne lit plus ...* – I have just noticed that she no longer reads ...

c *Ma fille vient de rentrer de l'Amérique ...* – My daughter has just returned from America ...

d *Ma propre fille vient d'organiser un voyage à Londres en ligne.* – My own daughter has just organised a trip to London online.

e *C'est un lycéen sérieux, qui vient d'obtenir une très bonne note ...* – He's a conscientious student who has just received a very good mark ...

f *Je viens d'apprendre que ...* – I've just found out that ...

C Students translate sentences into French.

Answers:

1 *Je viens de regarder un film sur Internet.*

2 *Nous venons d'organiser des vacances en France.*

3 *Mon ami vient d'acheter des CD en ligne.*

♦ *depuis* **(since, for)**

Students are reminded that *depuis* + present tense translates the English 'have been ...ing'.

D Students search the texts on page 64 for six sentences containing *depuis*. They write them out and translate them into English.

Answers:

1 *Depuis un an, j'utilise Internet pour organiser mes vacances.* – For a year, I have been using the Internet to arrange my holidays.

2 *Depuis deux ans, j'utilise un dictionnaire en ligne ...* – For two years, I have been using an online dictionary ...

3 *Depuis quelques semaines, je m'intéresse beaucoup à la politique ...* – For several weeks, I have been interested in politics ...

4 *Depuis janvier dernier, je fais tous mes achats en ligne.* – Since last January, I have been doing all my shopping online.

5 *J'utilise Internet pour le travail scolaire depuis 2004.* – I have been using the Internet for schoolwork since 2004.

6 *Depuis mon retour, Internet est très important pour moi.* – Since my return, the Internet has been very important for me.

Follow-up activity:

 Give students the following phrases using *depuis*, all taken from the activity 3 recording. Play the recording again. Students listen and complete the sentences, then translate them into English.

1 *Depuis plusieurs mois, ...*

2 *... depuis plus de deux ans.*

3 *Depuis son retour, ...*

4 *Depuis l'arrivée d'Internet, ...*

5 *Depuis 2004, ...*

6 *Depuis quelques semaines, ...*

Answers:

1 *Depuis plusieurs mois, mon fils fait beaucoup d'achats en ligne.* – For several months, my son has been buying lots of things online.

2 *Ma fille surfe sur le Net depuis plus de deux ans.* – My daughter has been surfing the Internet for more than two years.

3 *Depuis son retour, elle ne sort plus avec ses copains d'ici.* – Since her return, she has not been going out with her friends from home.

4 *Depuis l'arrivée d'Internet, nous avons de moins en moins de clients.* – Since the arrival of the Internet, we have had fewer and fewer customers.

5 *Depuis 2004, mon fils utilise Internet comme une bibliothèque virtuelle.* – Since 2004, my son has been using the Internet as a virtual library.

6 *Depuis quelques semaines, il visite des sites qui diffusent des idées politiques fort dangereuses.* – For a few weeks, he has been visiting websites which contain very dangerous political ideas.

♦ ***après avoir/après être* + past participle (after …ing)**

Students are reminded of the structure *après avoir/après être* + past participle.

E Students find five examples of *après avoir/être* in the texts on page 64 and translate them into English.

Answers:

1 *après avoir acheté* – after buying

2 *après avoir commencé* – after starting

3 *après avoir choisi* – after choosing

4 *après avoir consulté* – after consulting

5 *après être rentrée* – after returning

Grammaire active

page 66

<table>
<tr><td>

Planner

Grammar focus

♦ *après avoir/après être*

♦ The perfect tense

Resources

♦ Students' Book page 66

</td></tr>
</table>

après avoir, après être

Students are reminded of the use of *après avoir/ après être* + past participle, and of past participle agreements after *être*.

1 Students complete sentences on the subject *Julie utilise son portable.*

Answers:

a *Après être rentrée*

b *Après avoir fait*

c *Après avoir lu*

d *Après avoir parlé*

e *Après être montée*

f *Après s'être retrouvées*

2 Students make up five similar sentences using *après avoir/après être* on the subject *Martin utilise Internet.* Key verbs are given.

Possible answers:

Various answers are possible, e.g.

1 *Après avoir téléchargé un vidéo, il a chatté avec ses amis.*

2 *Après avoir écouté de la musique, il a regardé un film.*

3 *Après avoir lu un e-mail, il a écrit une réponse à son copain.*

4 *Après avoir trouvé des informations, il a fait ses devoirs.*

5 *Après avoir obtenu des renseignements, il a organisé ses vacances.*

The perfect tense

3 Students complete an extended writing task in the perfect tense. They write an account of the activities of Noé, described as a 17-year-old computer geek, seen from his mother's point of view.

More able students can approach the task creatively, while those less confident can restrict themselves to a straightforward account using verbs already practised extensively in the preceding activities.

Au choix

page 67

Planner

Key language

♦ *selon (un sondage récent/une enquête récente/les statistiques)*

♦ *il paraît que, il semble que, il est évident que*

♦ *en plus, par contre*

Resources

♦ Students' Book page 67

♦ CD 2 track 13

1a Students study a chart showing what French people use the Internet for. They listen to the survey results given on the recording and note down the missing percentages to complete the sentences.

Answers:

a *77%*   b *68%*   c *52%*   d *73%*   e *33%*
f *39%*   g *34%*   h *33%*   i *31%*

CD 2 track 13   **p. 67, activité 1a**

L'Insée vient d'interroger les Français sur leurs pratiques d'Internet. Voici les résultats du sondage.

Chercher des informations sur des services et des biens est l'activité la plus courante sur Internet: 77% des internautes ont au cours du dernier mois utilisé Internet à cette fin. Dans un registre similaire, 68% des internautes ont effectué des recherches documentaires. Plus précisément, 52% des internautes ont utilisé Internet dans le but d'obtenir des informations administratives.

En second lieu, Internet est pour beaucoup un moyen de communiquer: 73% des internautes ont envoyé ou reçu des courriels au cours du dernier mois. Mais d'autres moyens de communiquer sur Internet ont été adoptés depuis quelques années: ainsi 33% des internautes utilisent une messagerie instantanée.

Internet offre également toute une gamme de services qui permettent de gérer les affaires courantes du ménage. Ainsi, 39% des internautes ont accédé à leur compte bancaire via Internet, 34% ont fait des achats, 33% ont organisé leurs vacances.

Enfin, Internet est pour 31% des internautes un moyen d'écouter de la musique ou de regarder des films.

1b Students complete sentences about the statistics.

Answers:

a *obtenir des informations administratives*

b *utilisent une messagerie instantanée/ont organisé leurs vacances en ligne*

c *la messagerie électronique*

d *ont fait des achats en ligne*

1c Students write three more sentences about the statistics.

Answers:

Various answers are possible, e.g.

Presque un tiers des Français regardent des films sur Internet.

Quatre Français sur dix consultent leur compte bancaire en ligne.

Plus de deux tiers des Français utilisent Internet pour la recherche d'informations.

2a Students read an article about the dangers of mobile phones and answer questions in English.

Answers:

a *migraines, memory loss, fatigue, depression, cancer*

b *no*

c *waves (radiation)*

d *children*

e *only use mobiles for short calls (3–5 minutes), switch off when not in use, do not place near sensitive organs (e.g. heart, liver), don't allow people at most risk to use mobiles (children, pregnant women, invalids)*

2b As part of a campaign to encourage responsible use of mobile phones, students produce a poster or brochure about the health risks. They draw on the information given in the article.

3 Students prepare an oral presentation on the subject *L'importance d'Internet pour les Français.*

Révisions Unités 3–4

pages 68–69

Planner

Resources
- Students' Book pages 68–69
- CD 3 track 19

1a Students read opinions outlining the arguments for and against advertising. As a starter activity, they work out whether each person is in favour of advertising or against it. (7 marks)

Answers:
Pour: *Christophe, Eric, Guy*
Contre: *Anne, Bernard, Danielle, Françoise*

1b Students find synonyms in the text. (5 marks)

Answers:
a *(des) affiches*
b *(des) prospectus*
c *la publicité alimentaire*
d *l'obésité*
e *désastreuses*

1c Students identify opinions. (7 marks)

Answers:
a *Christophe*
b *Françoise*
c *Guy*
d *Bernard*
e *Anne*
f *Eric*
g *Danielle*

2a Students study the results of a survey comparing Internet use among boys and girls. They work in pairs, covering up one column each and asking each other questions to find out the figures, e.g. *Quel pourcentage de garçons/filles …?*

2b Students complete sentences about the statistics. (5 marks)

Answers:
a *se connectent au moins trois fois par semaine*
b *préfèrent les sites dédiés à une personnalité*
c *a déjà effectué un achat sur Internet*
d *préfèrent les sites dédiés aux jeux en général*
e *any of the following: surfent depuis plus de six mois, se connectent au moins trois fois par semaine, utilisent Internet pendant plus de trois heures d'affilée, ont déjà effectué un achat sur Internet, possèdent un e-mail, préfèrent les sites dédiés aux jeux en général*

2c Students write three more sentences comparing the attitudes of boys and girls. (6 marks)

Example answers:
Plus de garçons que de filles possèdent un e-mail.
Plus de filles que de garçons préfèrent les sites dédiés aux jeunes.
Moins de garçons que de filles préfèrent les sites dédiés à une personnalité.

2d Students prepare a presentation about young French people's use of the Internet, comparing the attitudes of boys and girls and quoting statistics. (10 marks for content, 10 marks for quality of language)

 3a Students listen to part 1 of a radio phone-in on the subject of whether children should have a television in their room. They fill in the missing word or phrase in each sentence a–f. (6 marks)

Answers:
a *plus*
b *parents*
c *effrayés*
d *plus tard*
e *meilleures*
f *maths, lecture et langues*

CD 3 track 19   **p. 69, activités 3a–3c**
Part 1
– Chers auditeurs, chères auditrices, bonjour. On traite aujourd'hui un sujet très important pour tous les parents – et pour leurs enfants, bien sûr – la question de la télé dans la chambre. Plusieurs études ont montré que les enfants qui ont une télé dans leur chambre la regardent plus que les autres. Et quand ils le font, leurs parents ne sont pas là. Les enfants ne peuvent donc pas leur poser de questions même s'ils ne comprennent pas ou sont effrayés.
On constate aussi que les enfants qui ont une télé dans leur chambre ont tendance à se coucher plus tard, donc à dormir moins. Ils ont souvent de moins bons résultats à l'école que les autres. Des chercheurs de Nouvelle-Zélande ont confirmé que les écoliers ayant une télé dans leur chambre sont plus faibles en mathématiques, en lecture et en langues.

Part 2
– Mais pour les parents, c'est plus compliqué que ça. Voilà pourquoi Cécile est avec nous aujourd'hui. Bonjour, Cécile.
– Bonjour, Antoine. Mon problème, c'est que ma fille qui a 16 ans voudrait une télé dans sa

---

chambre. Est-ce raisonnable? J'ai peur qu'elle néglige ses devoirs.

– Chers auditeurs, chères auditrices, à vous maintenant. Appelez-nous pour nous donner votre point de vue.

Numéro 1:

– Allô, Cécile. Je ne peux pas vous dire si cela est raisonnable, je ne connais pas votre fille. Mais à l'âge de 16 ans, elle doit apprendre à fixer ses limites. Faites-lui confiance, achetez une télé pour sa chambre, mais expliquez que ses libertés dépendent de ses résultats scolaires. 'Pas de résultats, au revoir la télé' est une bonne motivation!

Numéro 2:

– Allô, Cécile. A mon avis, l'important, c'est le travail scolaire. Il y a beaucoup de distractions qui peuvent détourner les adolescents de leurs études … comme les amis, les sorties ou la PlayStation tout simplement. Une télévision dans la chambre, c'est une distraction de trop.

Dites-lui que c'est pour son bien et que rien n'est plus important que de solides études pour une fille!

Numéro 3:

– Bonjour, Cécile. Mon fils a une télé dans sa chambre depuis six mois et il a toujours de bonnes notes au collège. Le problème, c'est que cela a complètement bouleversé notre vie de famille. A 20 h 30, il monte dans sa chambre 'pour être tranquille' et il ne regarde jamais la télé en famille. Et le comble, c'est que parfois on regarde la même émission!

Numéro 4:

– Allô, Cécile. Les devoirs sont importants, mais votre fille a besoin de distractions aussi. Je comprends les adultes qui parlent de 'Travail d'abord, amusement ensuite …', et je suis en partie d'accord! Mais il faut aussi savoir concilier les deux, le travail et les distractions. On n'a qu'une seule vie et les ados doivent vivre autre chose que les études à cet âge-là

 3b Students listen to part 2 of the phone-in and decide which two opinions in the box are expressed by each speaker. (8 marks)

Answers:

1 *d, f*

2 *a, h*

3 *b, e*

4 *c, g*

 3c Students listen again and summarise each speaker's point of view in English.

Answers:

1 *I can't say if this is reasonable as I don't know your daughter. But at 16, she should learn to set her own limits. Trust her, buy a TV for her bedroom, but explain that her freedom depends on her school results – if she doesn't do well, she will lose the TV. This should motivate her to work hard.* (3 marks)

2 *Schoolwork is the most important thing. Young people can be distracted from their work by so many things – friends, going out, PlayStation – and a TV in their bedroom is one temptation too many. Tell her it is for her own good and nothing is more important than schoolwork.* (3 marks)

3 *My son has had a TV in his room for six months and always has good marks at school. Our problem is that this has completely changed our family life; he goes upstairs at 8.30 saying he wants some quiet time and never watches TV with the family. Sometimes we even watch the same programme in different rooms.* (3 marks)

4 *Homework is important but your daughter needs some fun too. I understand adults who say 'work before pleasure' and I partly agree, but we all need to know how to combine work and fun. You only live once and young people should have a life outside their studies.* (3 marks)

4 Students write an answer to the question *Au début du 21ème siècle, quels sont les médias les plus importants?* in about 200 words. They focus on three types of media, explaining their importance and outlining the advantages and disadvantages of each in turn. (10 marks for content, 10 marks for quality of language)

Unité 5 La vie culturelle en France

Unit objectives

By the end of this unit students will be able to:

- Talk about different types of film
- Discuss the history of cinema in France and the effect of DVDs
- Talk about the role of theatre and festivals
- Talk about different types of music

Grammar

By the end of this unit students will be able to:

- Use prepositions
- Use the pluperfect tense
- Use the relative pronouns *qui* and *que*
- Form and use adverbs
- Use demonstrative adjectives and pronouns

Skills

By the end of this unit students will be able to:

- Speak effectively from notes
- Deal confidently with longer reading texts

pages 70–71

1a Students match the first and second names of French cultural figures, using the Internet to research those they don't know.

Answers:
see activity 1b

1b Students identify each person's profession.

Answers:
Gérard Depardieu – acteur
Audrey Tautou – actrice
François Truffaut – réalisateur/cinéaste
Claude Lelouch – réalisateur/cinéaste
Albert Camus – auteur/écrivain
Eugène Ionesco – auteur/écrivain
Edith Piaf – chanteuse
Youssou N'Dour – chanteur/musicien
Maurice Ravel – compositeur
Paul Cézanne – artiste/peintre
Auguste Rodin – sculpteur
Jean-Paul Sartre – auteur/écrivain

1c Students identify the people from activity 1b associated with different works.

Answers:
a *Maurice Ravel*
b *Edith Piaf*
c *Auguste Rodin*
d *Albert Camus*
e *Audrey Tautou*

2 Students use the Internet to find names and details of three more French artists, one linked with cinema, one from the theatre and one associated with music. They produce a poster entitled *La culture française*.

3a Students study statistics about leisure pursuits in France and identify the most popular activity and the least popular. They suggest reasons for this.

Answers:
Most popular: listening to music
Least popular: theatre
Possible reasons: accessibility, appeal to all ages

3b Students link halves of sentences referring to the statistics.

Answers:
1 *e* **2** *a* **3** *c* **4** *d* **5** *b* **6** *f*

3c Working with a partner, students try to speak for one minute about the statistics without looking at the model sentences from activity 3b.

3d In pairs, students talk about the cultural activities they enjoy. Encourage them to use the frequency expressions provided.

On va au cinéma!

pages 72–73

Planner

Grammar focus

♦ Prepositions

Key language

♦ *une comédie (dramatique), un dessin animé, un drame policier, un film (d'action/ d'animation/fantastique), une histoire d'amour, un polar*

♦ *un acteur, une actrice, un personnage, un réalisateur*

♦ *les effets (m) spéciaux, les sous-titres (m)*

♦ *sur le grand écran, en version originale, sous-titré, doublé en français*

Resources

♦ Students' Book pages 72–73

♦ CD 2 track 14

♦ Grammar Workbook page 18

♦ Copymaster 20

1a Students read details of four French films and listen to a recording of the text. They note the names of three French directors, two French writers and five types of film.

Answers:

a any three of: *Claude Lelouch, Marjane Satrapi, Vincent Paronnaud, Claude Berri*

b *Marjane Satrapi, Anna Gavalda*

c *un drame policier, une comédie, un film d'animation, un film fantastique, un film d'action, une comédie dramatique*

CD 2 track 14   **p. 73, activité 1a**

1 En salle un, *Roman de gare* de Claude Lelouch avec Dominique Pinon, Audrey Dana et Fanny Ardant. Lelouch retrouve la forme avec un drame policier.
Judith Ralitzer, auteur à succès, est en quête de personnages pour son prochain livre. Un tueur en série vient de s'échapper de la prison de la santé. Huguette, coiffeuse dans un grand salon parisien, va changer leur destin …

2 En salle deux, *Persépolis* de Marjane Satrapi et Vincent Paronnaud avec Chiara Mastroianni et Catherine Deneuve. Marjane Satrapi anime sa bande dessinée.

Téhéran 1978: Marjane, huit ans, vit la révolution, puis l'instauration de la République islamique. Plus tard, la guerre contre l'Irak entraîne bombardements, privations, et disparitions de proches. Ses parents décident alors de l'envoyer en Autriche pour la protéger. A Vienne, Marjane vit à 14 ans sa deuxième révolution: l'adolescence, la liberté, l'amour mais aussi l'exil, la solitude et la différence.

3 En salle trois, *Spider-Man 3* de Sam Raimi avec Tobey Maguire et Kirsten Dunst.
La suite des aventures de l'araignée la plus connue de la planète.
Peter Parker/Spider-Man semble avoir réussi à concilier son histoire d'amour avec Mary Jane et ses responsabilités de super-héros. Mais une bactérie extra-terrestre trouve le chemin de son costume et infecte son organisme, entraînant des mutations inattendues …

4 En salle quatre, *Ensemble, c'est tout* de Claude Berri avec Audrey Tautou, Guillaume Canet et Laurent Stocker. L'adaptation cinématographique du roman d'Anna Gavalda. C'est la première fois qu'une de ses œuvres est adaptée au cinéma.
La rencontre de quatre destins croisés qui vont finir par se connaître, s'aimer, vivre sous le même toit. Camille fait des ménages le soir dans les bureaux, Philibert est un jeune aristocrate timide et solitaire. Franck est cuisinier, viril et tendre, il aime infiniment sa grand-mère, Paulette, une vieille dame fragile et drôle. C'est ensemble qu'ils vont apprendre à réaliser leurs rêves …

1b Students read the text and find the French words for key vocabulary items.

Answers:

a *un personnage*

b *un tueur en série*

c *une bande dessinée*

d *la suite*

e *une histoire d'amour*

f *un super-héros*

1c Students read opinions of the four films and decide which film is referred to in each.

Answers:

1 'Persepolis'

2 'Spider-Man 3'

3 'Ensemble, c'est tout'

4 'Roman de gare'

Grammaire

Prepositions

This grammar section focuses on prepositions. It points out that not all French prepositions have a direct equivalent in English, so it is not always possible to translate them literally.

A Students study the phrases containing prepositions in activity 1c, list them and work out what their English equivalents are.

Answers:

en noir et blanc – in black and white

de l'Iran – of Iran

avec simplicité – with simplicity

en même temps – at the same time

avec humour – with humour

en fin de compte – at the end of the day

à mon avis – in my opinion

sans doute – undoubtedly

de la série – of the series

parmi les plus spectaculaires – among the most spectacular

au plus gros budget – with the biggest budget

de l'histoire du cinéma – in the history of cinema

fidèle au roman – faithful to the novel

d'une façon légère et tendre – in a light and tender way

la quête d'harmonie – the search for harmony

de ces quatre personnages – of these four characters

au cœur pur – with a pure heart

en plus – moreover

pendant tout le film – all through the film

jusqu'à la fin – right until the end

à voir – to see

à revoir – to see again

2a Students discuss which of the four films they would like to see. They list them in order of personal preference then discuss with a partner.

2b In pairs, students discuss the cinema and their preferred types of film, asking and answering the questions provided: *Allez-vous souvent au cinéma? Quels types de films aimez-vous? Quelles sortes de films ne vous intéressent pas?* They report back to the class on their partner's responses.

 3a Students listen to Caroline and Marc discussing which of the four films to see. They answer gist questions in French.

Answers:

a *'Spider-Man 3'*

b *'Persepolis'*

c *'Roman de gare'*

d *'Ensemble, c'est tout'*

CD 2 track 15 p. 73, activités 3a et 3b

– Si on allait voir *Spider-Man 3*? On dit que les effets spéciaux sont super.

– Ah non, moi je n'ai pas du tout envie de voir ça. J'ai horreur de ces blockbusters américains à budget colossal et aux effets spéciaux exagérés. En plus, on a déjà regardé un film d'action hier soir, à la télé.

– Mais, à la télé, sur le petit écran, c'est pas du tout la même chose. Les films grand spectacle, il faut absolument les voir au cinéma. Et puis, je croyais que tu avais aimé les deux premiers *Spider-Man*?

– Peut-être, mais on les a vus en anglais. Là, dans ce cinéma, *Spider-Man 3* est doublé en français, je n'aime pas ça. Moi, je préfère voir les films en version originale.

– Oui, je sais, mais les sous-titres, c'est pas idéal non plus, surtout pour un film d'action.

– De toute façon, ce soir j'ai envie de voir un film qui fait réfléchir. Alice m'a dit que *Persépolis* était super, et d'après les critiques, c'est un film très original.

– Tu plaisantes! Un dessin animé, en noir et blanc, sur l'histoire de l'Iran … non merci! On est vendredi soir, je ne veux pas assister à un cours d'histoire politique! Le cinéma, pour moi, c'est surtout un divertissement.

– Mais quand je t'ai offert la bande dessinée comme cadeau d'anniversaire, tu m'as dit qu'elle était très intéressante. Il paraît que l'adaptation est très réussie.

– Bon, mais je voudrais bien relire le livre avant de voir le film. On ira le voir la semaine prochaine, si tu veux. Allez, il faut prendre une décision. Tu as entendu parler du nouveau Lelouch, *Roman de gare*? C'est un polar, non? Je crois qu'il s'agit d'un tueur en série …

– Vous êtes tous les mêmes! Pourquoi cette obsession pour la violence, les crimes et les morts? Mais bon, Lelouch, c'est un réalisateur formidable, un des plus grands metteurs en scène du cinéma français. Alors, si tu veux aller voir ça, d'accord, je veux bien.

 3b Students listen again and match statements with speakers.

Answers:

Caroline: b, c, d, e

Marc: a, f

3c Students reread the statements from activity 3b and decide whether they agree with them or not.

4 In groups, students prepare then act out a scene from a well-known film. The rest of the class guess the film.

5 Students write a review of a film they have seen recently. Ask them to include:
- the type of film
- its nationality
- a brief account of what the film is about
- what they liked and disliked about the film.

Le cinéma en France

pages 74–75

Planner

Grammar focus
- The pluperfect tense

Skills focus
- Speaking from notes

Key language
- *un(e) cinéaste, un(e) cinéphile*
- *tourner, réaliser un film*
- *une salle, un court-métrage*
- *le DVD, la concurrence américaine, un film classique, la location de films sur Internet, la télévision à écran large et plat*

Resources
- Students' Book pages 74–75
- CD 2 track 16
- Grammar Workbook page 48
- Copymaster 22

1a Students read texts about the history of French film and put them in chronological order.

Answers:
1 *D*   2 *A*   3 *F*   4 *G*   5 *B*   6 *E*   7 *C*

1b Students match sentence halves relating to the texts.

Answers:
1 *c*   2 *a*   3 *d*   4 *b*   5 *h*   6 *f*   7 *e*   8 *g*

Grammaire

The pluperfect tense

This section explains how to form and when to use the pluperfect tense. See the *Grammaire active* page (Students' Book page 80) for more on the pluperfect tense.

C 22   Copymaster 22 also provides additional activities to practise the pluperfect tense.

 2a Students listen to a report on the importance of DVDs and decide which film on the list is not mentioned.

Answer:
d '*La Haine*'

CD 2 track 13   **p. 75, activités 2a–2c**

Les DVD ont beaucoup d'avantages par rapport aux salles traditionnelles. En premier lieu, on a un choix énorme de films. La location de films sur Internet est un secteur en pleine croissance, ce qui permet à une nouvelle génération de cinéphiles de découvrir les films classiques du passé. On a la possibilité de voir des vieux films comme *Les Enfants du paradis ou Les Quatre Cents Coups*, qui ne figurent jamais sur les programmes de cinéma. Moi, je les ai vus pour la première fois au club de ciné à la Fac. Grâce aux DVD, mon fils avait vu tous les films de Truffaut avant de passer son bac.

Deuxièmement, les DVD apportent toute une gamme de documentation contextuelle, qui nous aide à mieux comprendre le film. Le DVD des *Quatre Cents Coups* contient ainsi l'interview d'un ami intime de Truffaut qui, en voix off, commente les images du film et précise par exemple où elles ont été tournées. Dans le DVD *Le Fabuleux Destin d'Amélie Poulain*, Jean-Pierre Jeunet raconte dans une interview le tournage de son film. Chaque cinéphile a donc la possibilité de devenir spécialiste.

Troisièmement, il est évident que les nouvelles technologies favorisent le cinéma à la maison. On peut télécharger un film, le visionner sur ordinateur ou transférer le fichier numérique vers les équipements de salon. La télévision à écran large et plat nous permet d'apprécier même les films à grand spectacle chez nous. Je viens de regarder *Jean de Florette*, que j'avais vu au cinéma il y a 15 ans, et les paysages sont magnifiques.

En ce qui concerne l'avenir du cinéma français, je suis donc optimiste. Les pouvoirs publics vont certainement continuer à aider financièrement le cinéma français à résister à la concurrence américaine. Il fait partie de notre culture; pour nous, le cinéma a toujours été un art et pas un produit commercial. Mais il faut reconnaître qu'aujourd'hui, le cinéma est un art global. Les DVD nous permettent de découvrir les meilleurs films français du passé et aussi les bons films de tous les pays du monde.

 2b Students listen again and note the four advantages of DVDs mentioned, choosing from the list provided.

Answers:

a, b, c, e

 2c Students listen again and complete sentences in French.

Answers:

a *découvrir les films classiques du passé*

b *sur les programmes de cinéma*

c *mieux comprendre le film*

d *les images du film*

e *apprécier même les films à grand spectacle chez nous*

f *l'aider à résister à la concurrence américaine*

g *les meilleurs films français du passé et aussi les bons films de tous les pays du monde*

Compétences

Speaking from notes

This section provides tips on speaking from notes, e.g. how to structure the notes and what to include. Students should read through this section before they complete activity 3.

3 Pairwork speaking. Student A is a film fan trying to persuade his/her parents to buy a widescreen TV; student B is the mother/father, who prefers going to the cinema. Before doing this activity, students should read the advice on 'Speaking from notes' in *Compétences*. They then prepare their arguments and act out the role-play.

4 Students write an answer to the question: *A votre avis, le cinéma français a-t-il toujours un rôle important?* They should refer to the history of French cinema, famous films and directors, competition from Hollywood and new technology.

Vive le théâtre!

pages 76–77

1a Students read and answer questions about messages posted on an online forum on the theme of *Que pensez-vous du théâtre?*

Answers:

a *Andréa*

b *Karine*

c *Benoît*

d *Olivier*

e *Julien*

f *Julie*

g *la Comédie Française*

h *Molière*

1b Students find French equivalents for key vocabulary in the text.

Answers:

a *une comédie musicale*

b *les décors*

c *les costumes*

d *jouer un rôle*

e *une représentation*

f *une tragédie*

g *une comédie*

h *un dramaturge*

i *créer une atmosphère*

j *un metteur en scène*

1c Students reread the text and note three positive aspects and three negative aspects of the theatre.

Answers:

Aspects positifs:

Le théâtre nous amuse et nous divertit.

On traite des sujets qui sont toujours actuels.

Le théâtre expérimental met en scène des œuvres contemporaines et repousse constamment les limites de la représentation théâtrale.

Le café-théâtre crée une atmosphère plus intime, plus décontractée.

Les artistes de la rue nous proposent des représentations gratuites et originales.

Aspects négatifs:

Le théâtre classique est un art démodé qui n'a pas sa place chez les jeunes d'aujourd'hui.

Le théâtre traditionnel coûte trop cher.

Il n'y a pas de représentations théâtrales à la campagne.

2 Students discuss with a partner whether they go to the theatre often and what they have seen recently.

3 Students write a paragraph in answer to the question: *Le théâtre, a-t-il toujours un rôle important?*

4 Students listen to a report about the Avignon festival and complete sentences.

Answers:

a *1947* (1)

b *juillet* (1)

c *les rues, dans les théâtres, dans la Cour du Palais des Papes* (3)

d *France* (1)

e *théâtre classique* (1)

f *de danse, de mime, de marionnettes, de théâtre musical, des arts de la rue* (5)

g *ses 60 ans* (1)

h *plus de 130 000 billets* (2)

CD 2 track 17   **p. 77, activité 4**

Le Festival d'Avignon

– Nous voilà aujourd'hui au Festival d'Avignon. Depuis ses débuts en 1947, il a lieu chaque été en juillet. Pendant quelques semaines, il y a des spectacles partout dans la ville: dans les rues, dans les nombreux théâtres et même dans la Cour du Palais des Papes. Pour les amateurs de théâtre, c'est un festival à ne pas manquer. Je viens de parler de son importance avec Monsieur Lamballe, qui vient chaque année à Avignon.

– Le Festival d'Avignon est incontestablement l'une des plus importantes manifestations de l'art théâtral et du spectacle vivant en France. A l'origine, c'était seulement un festival de théâtre classique, mais peu à peu, Avignon s'est ouvert à la création contemporaine. Aujourd'hui, il y a aussi des spectacles de danse, de mime, de marionnettes et de théâtre musical. Et n'oublions pas les arts de la rue, qui font partie de la tradition théâtrale en France.

– Merci, Monsieur Lamballe. Vous étiez là, je pense, en 2006, quand on a célébré 60 ans du Festival d'Avignon. Et ça continue. En effet, cette année, le festival s'est montré plus populaire que jamais. On nous a dit que plus de 130 000 billets ont été vendus. Voilà, nous vivons à l'ère de la télévision, d'Internet, mais on aime toujours le théâtre.

Grammaire

Relative pronouns

This section focuses on the relative pronouns *qui* (who, which) and *que* (that).

A Students find examples of sentences using *qui* and *que* in the text on page 76. They explain why *qui* or *que* is used in each case and translate the sentences into English.

Follow-up activity:

Give students the following sentences and ask them to link them up using either *qui* or *que*.

1 *Je suis allé au festival. Le festival a lieu chaque année.*

2 *Le mime était super. J'ai vu le mime à Avignon.*

3 *Les spectateurs ont applaudi l'acteur principal. Il avait très bien joué son rôle.*

4 *Les billets n'étaient pas chers. J'ai acheté les billets.*

Answers:

1 *Je suis allé au festival **qui** a lieu chaque année.*

2 *Le mime **que** j'ai vu à Avignon était super.*

3 *Les spectateurs ont applaudi l'acteur principal **qui** avait très bien joué son rôle.*

4 *Les billets **que** j'ai achetés n'étaient pas chers.* (note preceding direct object)

Grammaire

Adverbs

A Students complete a grid with adverbs from the text on page 76.

Answers:

personnellement – personally

certainement – certainly

régulièrement – regularly

généralement – generally

franchement – frankly

B Students use the rules for formation of adverbs and the text on page 76 to form adverbs from more adjectives.

Answers:

brillamment – brilliantly

récemment – recently

constamment – constantly

vraiment – really

énormément – enormously

C Students find the adverb corresponding to the adjective *bon* in the text on page 76.

Answer:

bien

La musique – une passion française

pages 78–79

Planner

Grammar focus

♦ Demonstrative adjectives and pronouns

Skills focus

♦ Dealing with a longer reading text

Key language

♦ *le hip-hop, le jazz, le métal, la musique (celtique/classique/électronique), les musiques du monde, l'opéra, le rap, le rock, le slam*

♦ *assister à un festival*

Resources

♦ Students' Book pages 78–79

♦ CD 2 track 18

♦ Grammar Workbook pages 11 and 28

♦ Copymasters 19 and 23

1a Prompted by the posters for music events, students list as many different types of music as possible.

1b In pairs, students use a bilingual dictionary to add more types of music to the list.

Example answers:

le jazz, la musique classique, les musiques du monde, le métal, le rock, le slam, le hip-hop, le rap, la musique électronique, l'opéra (m), la musique celtique

1c Students discuss the music they like in pairs, using stimulus questions: *Quelles sortes de musique aimez-vous? Quels artistes préférez-vous? Pourquoi? Avez-vous déjà assisté à un concert ou à un festival de musique? C'était comment?*

 2 Students listen to three young people talking about music festivals and complete information in a grid.

Answers:

Festival	C'est quand?	Quel genre de musique est proposé?	Pourquoi y est-il/elle allé(e)?	Deux autres détails mentionnés
1 *Festival Interceltique de Lorient*	*chaque été*	*la musique traditionnelle des pays celtiques*	*habite en Bretagne; parle breton; aime bien la musique traditionnelle bretonne*	*musiciens de tous les pays celtiques (l'Irlande, l'Ecosse, le pays de Galles); instruments traditionnels (la cornemuse); permet de célébrer la diversité et la richesse de la culture celte; une des manifestations culturelles les plus importantes de la France*
2 *Festival d'Aix-en-Provence*	*juillet*	*la musique classique, surtout l'opéra*	*joue du violon et du piano; prend des leçons de chant*	*une affinité particulière avec les opéras de Mozart; représentations en plein air*
3 *Festival de Paris-Plage*	*tous les vendredis et samedis soirs en été*	*le rock*	*adore le rock; tous les concerts sont gratuits*	*deux plages au bord du fleuve; pendant la journée – des activités sur le sable/sous les palmiers pour les enfants et pour ceux/celles qui ne partaient pas en vacances*

CD 2 track 18 p. 78, activité 2

1 L'année dernière, j'ai assisté au Festival Interceltique de Lorient, qui a lieu chaque été. J'adore ce festival, parce que j'habite en Bretagne, je parle breton et j'aime bien la musique traditionnelle de cette région. Ce festival réunit des musiciens de tous les pays celtiques – l'Irlande, l'Ecosse, pays de Galles,

---

etc. J'ai beaucoup aimé ceux qui jouaient des instruments traditionnels, comme la cornemuse. Nous, les Bretons, on est minoritaires en France, mais ce festival nous permet de célébrer la diversité et la richesse de la culture celte. C'est un grand événement aussi et, à mon avis, une des manifestations culturelles les plus importantes de la France.

2 Moi, je joue du violon et du piano et je prends aussi des leçons de chant. Au mois de juillet, je suis allé au festival d'Aix-en-Provence avec ma mère, qui se passionne pour l'opéra. On y est allés parce que, de tous les festivals de musique européens, celui d'Aix a une affinité particulière avec les opéras de Mozart. J'ai vu plusieurs représentations inoubliables. J'ai surtout aimé celles qui étaient données en plein air. Ce festival est un 'must' pour les amateurs de musique classique.

3 Moi personnellement, j'adore le rock. Cet été, je suis allé au Festival de Paris-Plage, qui s'est déroulé tous les vendredis et samedis soirs sur les bords de Seine. Deux plages avaient été créées au bord du fleuve. Pendant la journée, il y avait des activités sur le sable et sous les palmiers pour les enfants et pour ceux et celles qui ne partaient pas en vacances. Et le soir, il y avait des concerts de rock pour les jeunes. Ce festival est super, et tous les concerts sont gratuits!

Grammaire

Demonstrative adjectives and pronouns

 A Students listen again to the recording about music festivals. For each speaker, they note three examples of demonstrative adjectives and pronouns.

Answers:

1 *ce festival, cette région, ceux qui jouaient des instruments traditionnels*

2 *celui d'Aix, celles qui étaient données en plein air, ce festival*

3 *cet été, ceux et celles qui ne partaient pas en vacances, ce festival*

B Students rewrite sentences using a demonstrative pronoun in place of the underlined words.

Answers:

1 *Tous les festivals m'intéressent, mais c'est **celui** d'Aix que j'aime le plus.*

2 *Ce concert coûte cher; par contre **ceux** qui ont lieu la semaine prochaine sont gratuits.*

3 *J'adore la musique. **Celle** que je préfère, c'est le jazz.*

Compétences

Dealing with a longer reading text

This section provides tips on how to approach longer reading texts.
Encourage students to apply the advice to the text *Le rap français: une scène éclectique.*

C 23 Copymaster 23 provides additional activities to help develop reading skills.

3a Students read an article about rap in France and choose a subheading for each paragraph.

Answers:

1 *d* **2** *a* **3** *e* **4** *c* **5** *b*

3b Students decide which rapper deals with particular themes.

Answers:

a *Diam's*

b *Abd Al Malik*

c *Keny Arkana*

d *Diam's*

e *Grand Corps Malade*

f *Keny Arkana*

3c Students decide whether statements are true, false or not mentioned in the text.

Answers:

Vrai: a, d, h

Faux: c (paralysé pendant deux ans mais il est parvenu à se remettre debout), f (elle s'attaque au malaise social et à l'extrême droite), g (elle est Marseillaise)

PM: b, e

4 Students prepare a PowerPoint presentation about a French musician of their choice. They describe his/her life and music, and download images and music clips to accompany their presentation.

C 19 An additional listening activity about the the musician Youssou N'Dour is provided on Copymaster 19.

Grammaire active

page 80

Planner

Grammar focus
- ◆ The pluperfect tense
- ◆ Relative pronouns and adverbs

Resources
- ◆ Students' Book page 80

The pluperfect tense

These activities on the pluperfect tense are based on the material on Students' Book pages 74–75 (*Le cinéma en France*).

1 Students study the sentences in activity 1b on page 75 and explain why the pluperfect is used in each one.

Answers:
reported speech, giving reasons based on earlier events

2 Students choose three of the texts on page 74 and write down the examples of the pluperfect tense used in each one.

3 Students complete sentences using the pluperfect.

Answers:
a *avait gagné*
b *avaient eu*
c *étaient allés*
d *avait déjà commencé*

4 Students rewrite sentences in reported speech.

Answers:
a *J'ai dit que je m'étais renseigné ...*
b *Il a dit qu'il avait vu le premier film ... et qu'il l'avait trouvé ...*
c *Mon professeur m'a expliqué que le film était sorti ...*
d *Mes amis ont raconté qu'ils avaient décidé ...*

Relative pronouns and adverbs

Students are advised that using relative pronouns and adverbs will help to make their French more fluent and complex in expression.

5 Students compare two descriptions of the rapper Booba, decide which uses more complex language (the second) and analyse what has been changed (use

of relative pronouns to link short sentences and adverbs to add interest).

6 Students read a basic account of the film *Shrek the Third*. They redraft the description, using the relative pronouns *qui* and *que*, and the adverbs provided, to build more complex sentences and produce a more interesting text.

Answer:
'Shrek le troisième' est un dessin animé américain, qui est vraiment populaire partout dans le monde et que les adultes et les enfants adorent énormément. Le film raconte une aventure du célèbre ogre vert, qui vit paisiblement avec la princesse Fiona, qui l'aime tendrement. Le roi Harold, qui est le père de Fiona, tombe gravement malade. Shrek, qui ne veut absolument pas devenir roi, est extrêmement malheureux.

Au choix

page 81

Planner

Resources
- ◆ Students' Book page 81
- ◆ CD 2 track 19

---

1 Students read an article about Edith Piaf and answer questions in English.

Answers:
a *a film about her called 'La Môme'* (1)
b *it's a mixture of joy and sadness, passions and heartbreak* (2)
c *she puts everything into them; they are still listened to today, both in France and in other countries* (3)
d *her father was a contortionist in a circus; her mother sang in the streets; her grandmother ran a brothel* (3)
e *when she was 18* (1)
f *triumphs in concerts in Paris and in New York; the love of her life, boxing champion Marcel Cerdan, died in a plane crash in 1949* (3)
g *excess, drugs, alcohol, exhaustion* (4)
h *her music is as moving as her life is passionate; she symbolises a particular time, seen as a golden age; her life was a drama – she lived what she sang* (3)

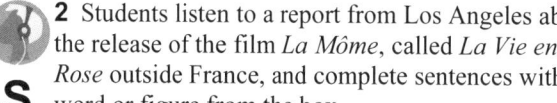

2 Students listen to a report from Los Angeles about the release of the film *La Môme*, called *La Vie en Rose* outside France, and complete sentences with a word or figure from the box.

S

Answers:

a *aimé*

b *populaire*

c *anglais*

d *60*

e *Internet*

f *600 000*

g *322*

h *américaines*

i *favorise*

CD 2 track 16   **p. 81, activité 2**

La Môme d'Olivier Dahan est devenu *La Vie en rose* pour sa sortie outre-Atlantique vendredi dernier. Contrairement à l'immense majorité des films étrangers aux Etats-Unis, la sortie du mélodrame a été remarquée par les grands journaux et a généré des critiques très favorables.

Comme c'est parti, le film pourrait rivaliser avec *Le Fabuleux destin d'Amélie Poulain*, le premier film français aux Etats-Unis en termes de box-office avec 33 millions de dollars et cinq nominations aux Oscars. On parle déjà d'une nomination pour Marion Cotillard, qui incarne Edith Piaf dans le film, et qui avait été repérée pour ses rôles en anglais dans *Big Fish* de Tim Burton et *A Good Year* de Ridley Scott.

Initialement prévu sur sept écrans à New York, Los Angeles et San Francisco, *La vie en Rose* devrait se répandre rapidement dans une soixantaine de salles. Le distributeur a investi dans une grosse campagne publicitaire avec des concours radio et des publicités sur des blogs. Mais c'est un gros pari, car un succès pour un film français se mesure dès 500 000 ou 600 000 dollars de recettes. Par comparaison, *Spider-Man 3* a engrangé 322 millions de dollars le premier mois.

Il est donc remarquable que, chaque année, une moyenne de 25 à 30 films français sortent aux Etats-Unis. Mais les studios américains produisent aussi des versions américaines d'originaux français, des remakes. Un remake du film *Dîner de cons* est actuellement en production avec Sacha Baron Cohen, alias Borat. En plus, le cinéma français bénéficie de nouvelles plateformes de distribution leur donnant une meilleure visibilité, comme le *pay-per-view* à la télévision et la location de DVD sur Internet.

---

3 Students prepare a radio or TV advertisement in French for an English cultural event, e.g. a film, a festival, a concert or a play.

4 Students write about 200 words in answer to the questions: *La culture, est-elle importante pour les Français? Quelle est l'importance de la culture française dans le monde?*

Unité 6 Vivre sa vie

Unit objectives

By the end of this unit students will be able to:

♦ Discuss the problems of housing for young people

♦ Discuss aspects of shopping

♦ Talk about transport issues

♦ Discuss different patterns of living

Grammar

By the end of this unit students will be able to:

♦ Use the imperfect tense

♦ Phrase questions in different ways

♦ Use indirect object pronouns

♦ Use indirect speech

Skills

By the end of this unit students will be able to:

♦ Use conjunctions to improve the quality of their writing

♦ Deal with cloze texts

pages 82–83

1a Students consider a list of eight statements: having their own flat, helping others, being able to buy whatever they want, earning a good wage, respecting the environment, owning a car, shopping ethically, having good friends. They list them in order of importance. There are no right and wrong answers, but tell students they will need to justify their choices in activity 1c.

1b Students add two extra items to the list in 1a.

1c In pairs, students discuss their responses to 1a and 1b.

 2a Students listen to five young people talking about their lives. They choose a picture to represent what each person says.

Answers:

1 *d* **2** *f* **3** *i* **4** *g* **5** *b*

CD 2 track 20   **p. 82, activité 2a**

1 J'ai l'impression de devenir rapidement très indépendant. Je viens d'avoir mon permis de conduire et comme j'ai la chance d'avoir une petite bagnole, j'ai tout à coup beaucoup de possibilités. Finie l'existence limitée par le bus qui passe dans notre village une fois par jour. Je peux aller où je veux à n'importe quelle heure. Cette nouvelle liberté est exaltante!

2 Ma vie a beaucoup changé ces derniers mois. J'ai eu ma licence et j'ai commencé à travailler ici à Paris. Je fais de longues heures, mais je gagne un bon salaire, ce que j'ai toujours voulu. Quand je parle aux clients au téléphone et qu'ils me demandent des conseils, j'ai vraiment le sentiment d'être enfin adulte et responsable.

3 Ça fait quatre mois que j'ai un petit appartement à moi, ce qui a changé beaucoup de choses dans ma vie. Quand je suis seul dans ma cuisine et que je me prépare à manger à n'importe quelle heure, je sais que j'ai quitté le cocon familial. Je peux maintenant prendre mes propres decisions et ça me plaît.

4 Autrefois je ne pensais pas à l'environnement, mais récemment je me suis rendu compte que c'est très important que chacun joue son rôle. J'ai donc fait un effort et changé mes habitudes. Je recycle tout ce que je peux, je me sers des transports en commun au lieu de prendre toujours la voiture et j'essaie d'acheter seulement ce dont j'ai vraiment besoin.

5 Comme j'avais un peu de temps libre, j'ai décidé de consacrer quelques heures par semaine à aider les autres. Je travaille dans un Resto du Cœur, où on sert des repas chauds aux personnes démunies et on les aide aussi à résoudre d'autres problèmes comme la recherche d'un logement ou d'un emploi. Il va sans dire que j'ai beaucoup appris et que j'apprécie maintenant ma vie à moi. C'est bizarre, mais je suis plus heureux!

2b Students explain in their own words how each person from activity 2a has changed their life.

Example answers:

1 *Il a son permis de conduire et peut maintenant aller où il veut quand il veut. Il a donc plus de liberté.*

2 *Elle a commencé à travailler et à gagner de l'argent et se sent plus adulte et responsable.*

3 *Il a loué un appartement et il est content de pouvoir prendre ses propres décisions.*

4 *Elle fait beaucoup plus attention à l'environnement, par exemple elle recycle, prend les transports en commun et essaie de ne pas acheter trop de choses.*

5 *Il a commencé un travail de bénévole dans un Restaurant du Cœur et maintenant il apprécie mieux sa vie et il est plus heureux.*

3a Students read an extract from the website fr.wikipedia.org, which explains the origins and meaning of the phrase *Métro, boulot, dodo.*

Answers:
Métro, boulot, dodo (from a poem by Pierre Béarn) sums up the daily life of commuters in a big city, the three rhyming words describing the journey to work, the day at work and the return home to sleep.

3b Students write a short poem or piece of prose to describe their daily life.

4a Working in pairs, students choose one of the people listed: a student, a businessman/woman, a manual worker, a mother or father, an old person, an unemployed person, a homeless person, or a celebrity. They note down details about the day-to-day life of their chosen person, referring to accommodation, routine, work, leisure time, interests, etc.

4b Pairs describe to the class the life of their chosen person from 4a, but without naming the person. The rest of the class try to work out who their chosen person is.

Le logement

pages 84–85

Planner

Grammar focus

♦ The imperfect tense

Key language

♦ *un logement (indépendant), un domicile personnel, le domicile familial, un logement HLM, un foyer de jeunes, le manque de logement*

♦ *le prix au mètre carré, les prix les plus élevés, à bon marché, cher*

♦ *se loger, payer un loyer, louer un appartement, s'installer en couple, partager avec (un copain/une copine), présenter une fiche de paye/un contrat de travail à durée indéterminée/la caution de leurs parents, payer une caution*

Resources

♦ Students' Book pages 84–85
♦ CD 2 track 21
♦ Grammar Workbook page 44
♦ Copymasters 26 and 29

---

1 Working in groups, students discuss issues relating to accommodation: where they live now and with whom, where they would like to be living in five years' time and with whom, and the advantages and disadvantages of having a place of their own.

2a Students read a text about the difficulties experienced by young people in securing affordable accommodation. They choose a statement from a–e to summarise each paragraph.

Answers:
1 *c*   **2** *a*   **3** *d*

2b Students copy out and complete five statements about the text.

Answers:
a *les personnes plus âgées*
b *les plus grands*
c *trouver un logement/s'installer en couple*
d *présenter trois fiches de paye ou un contrat de travail à durée indéterminée*
e *les jeunes les plus fragiles*

2c Students copy out and translate into English some key words and phrases from the text.

Answers:

a *at a good price, cheap*

b *home, place of residence*

c *to pay rent*

d *the price per square metre*

e *the housing shortage*

f *to set up home as a couple*

g *a deposit, or proof that their parents will stand guarantor or surety for them*

h *to find a home, to secure accommodation*

i *a hostel for young people*

 3a Students listen to five young people talking about their search for accommodation. On the first listening, they work out who has succeeded in finding somewhere to live.

Answers:

Alice, Farouk

CD 2 track 21   **p. 84, activités 3a et 3b**

Alice
Ce n'est pas du tout facile, et j'ai longtemps cherché, mais j'ai eu enfin de la chance, parce que ma sœur voulait s'installer en couple avec son petit ami et moi j'ai pu avoir son appartement à elle. Mais c'est très cher et je suis donc obligée de partager avec une copine. On n'a pas beaucoup de place!

Benoît
La question de logement m'inquiète beaucoup. Comme je ne travaille pas en ce moment, je ne peux pas présenter des preuves de salaire et les propriétaires n'ont pas confiance en moi. Donc jusqu'ici je n'ai rien trouvé.

Farouk
J'ai longtemps dormi sur le canapé de mon frère. J'ai regardé toutes les petites annonces et je suis allé voir au moins vingt appartements, et puis tout à coup il y avait un copain qui avait trouvé un appartement un peu trop grand pour lui seul et qui m'a invité à partager avec lui.

Isabelle
J'habite toujours chez mes parents, ce qui n'est pas du tout idéal, mais je mets de l'argent de côté chaque mois et j'attends le jour où j'aurai enfin les moyens de m'installer dans un petit studio à moi. Ce sera dans deux ans, j'espère.

Justin
Il y a trois mois, j'ai trouvé un tout petit appartement que j'aimais bien et dont le loyer était abordable, mais il y avait un problème. Il fallait payer une

---

caution de six cents euros et je n'avais pas une telle somme de disponible. Donc, c'est quelqu'un d'autre qui a loué l'appartement. J'ai trouvé ça très énervant!

 3b Students listen again and work out whether statements a–j are true or false.

Answers:

a *vrai*

b *faux (elle partage avec une copine)*

c *vrai*

d *vrai*

e *faux (il dormait sur le canapé de son frère)*

f *faux (il a regardé toutes les petites annonces et il est allé voir au moins vingt appartements)*

g *faux (ce n'est pas idéal)*

h *vrai*

i *faux (il a trouvé un appartement dont le loyer était abordable)*

j *faux (il fallait payer une caution et il n'avait pas une telle somme)*

4 In this text, Lucien describes the advantages and disadvantages of moving out of his parents' house and into his own flat. Students make notes in English.

Answers:

Advantages: *more freedom, can invite friends when you want (and they can stay for two or three days if they want to), don't have to ask permission and plan ahead*

Disadvantages: *have to do your own laundry, cooking, shopping, washing up*

Grammaire

The imperfect tense

This grammar section explains when to use and how to form the imperfect tense.

A Students search the text in activity 4 for all the examples of the imperfect tense.

Answers:

*ma mère **faisait** toujours la lessive, un de mes parents **préparait** un repas, je **pouvais** cuisiner si je **voulais**, ce n'**était** pas obligatoire, mes parents n'**avaient** rien contre mes amis, mais ils ne **voulaient** pas qu'ils restent trop longtemps, je **devais** toujours leur demander la permission, c'**était** confortable chez mes parents*

B Students translate English sentences into French.

Answers:
1 *Mes parents faisaient la cuisine.*
2 *C'était ma mère qui faisait la lessive.*
3 *Mes amis venaient souvent chez nous.*
4 *Ce n'était pas un problème.*
5 *Mais mes parents préféraient être seuls à la maison.*
6 *J'aimais habiter chez mes parents, mais je préfère l'indépendance.*

C 29 Further activities to practise the imperfect tense are provided on Copymaster 29.

5a Working in pairs, students imagine they have just found a flat to rent. Student B asks questions about it and A explains the advantages and disadvantages. They decide together whether to rent the flat or not.

5b Building on their discussion in 5a, students write about 200 words describing: their search for a flat and any problems they had; the differences between living at home with their parents and having a place of their own; the advantages and disadvantages; whether they prefer their independence or living with their parents.

C 26 A reading text about the problems of finding affordable accommodation in Montpellier is provided on Copymaster 26.

Vive le shopping!

pages 86–87

Planner

Grammar focus
♦ Asking questions in French

Skills focus
♦ Improving your writing skills

Key language
♦ *le shopping, le cybershopping, le marché aux puces, des biens d'occasion, des biens déstockés, une marque connue, la comparaison de prix, une carte bancaire*
♦ *acheter en ligne, survoler plusieurs sites*
♦ *le shopping responsable, la mode éthique, des vêtements bio, le commerce équitable, des produits (non polluants/en coton biologique), des produits qui n'ont pas été fabriqués par des enfants*
♦ *Est-ce que ...? Qu'est-ce que ...? Qui? Quand? Pourquoi? Où? Comment? Combien? Que? Quel(le)(s)?*
♦ *et, mais, ou, parce que, comme, donc, quand, où, pourtant, sinon, sans, afin de*

Resources
♦ Students' Book pages 86–87
♦ CD 2 tracks 22–23
♦ Grammar Workbook pages 12 and 29
♦ Copymasters 27 and 30

1a Students listen to six people discussing Internet shopping. They note down who is positive and who is negative about it.

Answers:
Positif: 1, 2, 4, 5
Négatif: 3, 6

CD 2 track 22	p. 86, activités 1a et 1b

1 J'achète souvent des choses en ligne parce que j'aime le grand choix de marchandises qui m'est offert. On peut vraiment trouver de tout.

2 Bien sûr, il faut prendre des précautions, mais je trouve que le cybershopping rend la vie beaucoup plus facile.

> **3** J'ai horreur des paiements en ligne, parce qu'on ne peut jamais être sûr que ce soit fait en toute sécurité.
>
> **4** C'est beaucoup plus facile que de faire le tour de tous les magasins. On peut facilement comparer les prix, ce qui est très utile.
>
> **5** Le cybershopping permet d'éviter les queues et les foules et je trouve que c'est beaucoup plus rapide et pratique.
>
> **6** On ne voit pas ce qu'on achète, donc ce n'est pas facile de trouver ce dont on a vraiment envie.

 1b Students listen again and note down the reasons for and against Internet shopping.

Answers:
Pour: on a un grand choix, ça rend la vie plus facile, c'est plus facile que de faire le tour des magasins, on peut comparer les prix, on peut éviter les queues/foules, c'est plus rapide/pratique
Contre: problème de sécurité des paiements en ligne, on ne voit pas ce qu'on achète, ce n'est pas facile de trouver ce qu'on veut

2 Students read a text about shopping online and note down the key points in English.

Answers:
a *look at different sites, use a price comparison site*
b *second-hand stock, end-of-line stock*
c *the brands are well known, there are positive comments from other users, guarantees are given*
d *import/customs tax*
e *only use reputable sites, don't give your four-digit security code*

Grammaire

Asking questions in French

This grammar section focuses on different ways to ask a question in French, including:
1 adding a question mark to a statement and using rising intonation
2 using *Est-ce que* + subject + verb
3 swapping the subject and the verb, e.g. *Aimes-tu ...?*
4 using a question word, e.g. *Qui? Quand? Pourquoi? Où? Comment? Combien? Que? Quel(le)(s)?*

A Students search the text on Internet shopping for examples of the four question types listed.

Answers:
1 *Donc on fait jouer la concurrence?*

2 *Est-ce que je peux comparer les prix? Est-ce que le prix comprend ...?*
3 *S'agit-il d'une marque connue? Des internautes, ont-ils donné ...? Ai-je le droit d'acheter ...?*
4 *Que faut-il savoir? Qu'est-ce que je peux acheter? Comment choisir un bon site? Quelles sont les garanties proposées? Comment savoir ...?*

B Students list four question words used in the text on Internet shopping.

Answers:
Que? Qu'est-ce que ...? Comment? Quelles ...?

C Students translate questions into French.

Suggested answers:
1 *Est-ce que je peux payer avec une carte bancaire? Je peux payer avec une carte bancaire?*
2 *Où est-ce que je peux réserver des billets d'avion?*
3 *C'est une marque connue?*
4 *Quelles taxes dois-je payer? Je dois payer quelles taxes?*
5 *Comment doit-on payer? On doit payer comment?*

3a Students write five questions for a class survey about Internet shopping. They ask the questions and note down the responses.

3b Students collate the results of the survey and report back orally to the class.

 4 Students listen to Sandrine talking about shopping. They copy out and complete a summary of her preferences.

Answers:
1 *shopping*
2 *marché*
3 *près de*
4 *antiquités*
5 *vêtements*
6 *négocier*
7 *jeu*

CD 2 track 23   **p. 87, activité 4**

Moi, je n'aime pas tellement le shopping, mais j'adore aller au marché aux puces, comme par exemple le marché de Saint-Ouen-Porte de Clignancourt, près de Paris. C'est fascinant. C'est un des grands sites touristiques d'Île de France, et il y a toujours des choses à voir. J'adore les antiquités, même si je n'en achète pas – les meubles, les couverts en argent et tout ça. J'espère toujours trouver un véritable trésor! Et puis il y a les gens qui se débarrassent de tout ce qui encombre leur maison. Cela permet à des personnes ayant de petits budgets – comme moi! – d'acquérir des choses à un bon prix, comme par exemple des vêtements de marque. On peut toujours négocier le meilleur prix, c'est comme un véritable jeu.

5a Students note down details in French about a text on ethical shopping.

Answers:

a *des vêtements bio (1), des accessoires issus du commerce équitable (1)*

b *ce sont de beaux vêtements à la mode (1), bien coupés/bien finis (1), non polluants (1), en coton biologique (1), qui n'ont pas été fabriqués par des enfants (1)*

c *elle a du respect pour la planète (1), elle trouve qu'on doit penser à l'avenir de la terre quand on fait des achats*

5b Students identify key vocabulary in the text on ethical shopping. They compare their notes with a partner. Point out to students that reusing language from texts that they hear or read is a useful way to expand their vocabulary.

Compétences

Improving your writing skills

This section focuses on the use of conjunctions to build longer, more interesting sentences.

A Students read two similar texts about shopping. They identify the one that they find the more interesting.

Answer:

Text 2 is more interesting because of the use of conjunctions.

B Students identify conjunctions in text 2.

Answers:

parce que, et, mais, sans, où, afin de

C Students choose one of their own pieces of written work and rewrite it, using conjunctions to build sentences that are more varied and interesting.

C 30 | Further tips and activities to help students develop their writing skills are provided on Copymaster 30.

---

6 Students write about 200 words explaining their own attitudes towards shopping. Challenge them to use a variety of conjunctions to add interest and variety.

C 27 | A reading text on the theme of ethical shopping is provided on Copymaster 27.

On se déplace

pages 88–89

Planner

Grammar focus

◆ Indirect object pronouns

Key language

◆ *se déplacer, conduire, garer, rouler, se mettre au volant*

◆ *les conducteurs, les heures de pointe, la saturation des principales voies d'accès à la ville, le stationnement sur de longues durées, les parcs relais, le trajet, les embouteillages*

◆ *les vols 'low cost', le transport aérien/maritime, les émissions de gaz à effet de serre*

◆ *subventionné, payant, impactant sur l'environnement*

Resources

◆ Students' Book pages 88–89
◆ CD 2 track 24
◆ Grammar Workbook page 24

1a Working in pairs, students discuss learning to drive and draw up a list of arguments for and against it. Issues to consider include: personal freedom, the cost, risks, and environmental consequences.

1b Pairs feed back to the class the key points from their discussion in activity 1a. Are there more advantages than disadvantages in learning to drive?

2a Students read a text about road traffic accidents in France. They try to work out the missing words.

Answers:

1 *routes*
2 *causes*
3 *vitesse*
4 *destination*
5 *dangereux*
6 *vite*
7 *air*
8 *alcool*

 2b Students listen to the recording to check their answers to 2a.

> **CD 2 track 24**   **p. 88, activité 2b**
>
> Encore un week-end marqué par de nombreux accidents mortels sur les routes de France. Quelles sont les principales causes de ces nombreux accidents? Il y en a quatre: la vitesse, la fatigue, l'alcool et le manque d'attention. Les gens sont pressés d'arriver à destination, ils croient que la route, c'est facile, mais en fait, c'est hyper dangereux. Il faut rouler moins vite et, s'il s'agit d'un long parcours, faire des pauses pour respirer un peu d'air frais et se dégourdir les jambes. Surtout, il faut éviter l'alcool avant de se mettre au volant

3a Students identify key language in a text about Perpignan's traffic problems.

Answers:

a *actifs*

b *stationnement sur de longues durées*

c *des parcs relais*

d *garer*

e *subventionné*

f *embouteillages*

g *heures de pointe*

h *trajets*

3b Students summarise the key points of the Perpignan text in English, focusing on the problem, the proposed solution, and how the new system works.

Answers:

The problem: the 30,000 car drivers who commute into the centre of Perpignan from the suburbs are causing congestion and parking problems.
The solution: a park and ride scheme will be set up at several points 10 minutes' drive from the city centre.
How it works: people will park for free about 10 minutes' drive from the city centre and will catch a subsidised bus for the rest of the journey. The buses will run at 10 minute intervals between 7 a.m. and 8 a.m., and at 10–15 minute intervals during busy periods.

Grammaire

Indirect object pronouns

This section explains indirect object pronouns and lists some common verbs that take an indirect object pronoun, e.g. dire (à quelqu'un), demander (à quelqu'un), apprendre (à quelqu'un), donner (à quelqu'un), offrir (à quelqu'un).

A Students search the text about Perpignan's traffic problems for three indirect object pronouns.

Answers:

1 *On ne peut pas **nous** proposer une autre solution?*

2 ***Leur** apprendre à utiliser les transports en commun …*

3 *J'espère que nos clients seront contents du service qu'on **leur** propose …*

B Students identify indirect object pronouns in five French sentences and translate them into English.

Answers:

1 *nous* – Explain to us the advantages of the park and ride scheme and we'll use it.

2 *lui* – I've already told him/her that the journeys will be subsidised.

3 *me* – They keep telling me that the car parks in the town centre are overloaded.

4 *leur, t'* – We'll telephone the transport office and ask them to explain the system to you.

5 *vous* – Who showed you this article?

4 In groups, students imagine they are planning a trip to France. They list all the means of transport they could use to arrive at their destination and discuss each one in terms of price, comfort, speed, impact on the environment, and enjoyment.

5a Students identify all the means of transport mentioned in a text about low-cost air travel.

Answers:

l'avion, le TGV, le ferry

5b Students read the text again and explain in their own words: Nicolas Sarkozy's suggestion; the opinion expressed by environmentalists; the comparison between the two ways of travelling between Paris and Ajaccio (by plane, or by train and ferry).

Answers:

a *Il veut ouvrir les aéroports corses aux vols 'low cost'.*

b *Ils s'y opposent à cause du mauvais impact des avions sur l'environnement.*

c *Si on voyage en avion, on génère 540 kg de CO_2, mais si on prend le train et le ferry, on en génère moins de 10 kg.*

6 Students choose three means of transport and compare them, explaining the advantages and disadvantages of each.

La vie quotidienne

pages 90–91

Planner

Grammar focus

♦ Indirect speech

Skills focus

♦ Dealing with cloze texts

Key language

♦ *la vie quotidienne*
♦ *avoir un métier qui me plaît, travailler à domicile, télétravailler, être indépendant(e), avoir plein de temps libre, être chef d'entreprise, aider les autres, gagner pas mal d'argent*

Resources

♦ Students' Book pages 90–91
♦ Grammar Workbook page 50
♦ Copymaster 28

1 Students consider what their ideal life would be like in terms of their job, leisure time, financial situation, etc. They choose three ideas from a list and rank them in order of importance.

2a Students read quickly through four texts (page 91) about four different lifestyles. They choose the one that appeals to them the most.

2b Working in pairs, students explain and justify their choice from activity 2a.

3 Students read the four texts on page 91 again. They match each statement a–j to one of the texts.

Answers:
a *Emilie*
b *Charlotte*
c *Samba*
d *Emilie*
e *Jean-Christophe*
f *Charlotte*
g *Samba*
h *Emilie*
i *Jean-Christophe*
j *Samba*

Follow-up activities:

To further exploit the texts on page 91, ask students to:

1 decide on three adjectives to describe Samba and write three sentences explaining their choice of adjectives, e.g. *Je trouve que Samba est … parce que … Il semble aussi … car il …*

2 explain what Emilie means by the phrase *Métro, boulot, dodo*, referring them back if necessary to their work on the Unit 6 opening spread.

3 find in Jean-Christophe's text five advantages of working from home.

4 list in English the tasks Charlotte does during a typical working day.

Grammaire

Indirect speech

This section explains how to transfer direct speech to indirect speech.

A Students look at an example of direct speech that has been transferred to indirect speech. They note down all the changes that have taken place.

Answers:
The first person form of the verb has become the third person, the possessive adjective and the subject pronoun have also changed from the first person to the third person, and the present tense changed to the imperfect tense.

B Students rewrite two sentences as indirect speech.

Answers:
1 *Samba a dit qu'il était déjà chef d'entreprise et qu'un jour il allait embaucher du personnel.*
2 *Charlotte a déclaré qu'elle avait décidé de prendre une année sabbatique et qu'elle était venue au Sénégal.*

Compétences

Dealing with cloze texts

This section provides some tips and activities to help students cope with cloze activities.

A Students read a text and choose the correct word to fill each gap. They will need to focus on grammatical information (e.g. adjective agreement, verb endings, genders) in order to work out the correct answers.

Answers:
quotidienne, aiment, personnalité, agissent, heureuse, sûr

B Students choose a word from the box to fill each gap in another text. There are more words than there are gaps to fill. Here, students need to focus on both grammatical information and meaning in order to work out the answers.

Answers:
apprendre, jeunesse, voulait, créé, faire, attend

4 Students write about 150 words to describe their ideal life.

Follow-up activity:
Working in pairs, each student imagines that they are leading their ideal life. They take turns to describe their life to each other. Their partner takes notes, then explains to the rest of the class (or to a smaller group) what their partner said. This provides an opportunity for students to transfer direct speech to indirect speech.

C 28 Copymaster 28 links in with the theme of lifestyles. It provides listening activities on the theme of different types of voluntary work done by young people.

Grammaire active

page 92

Planner

Grammar focus
♦ The imperfect tense
♦ Indirect speech

Resources
♦ Students' Book page 92

The imperfect tense

This section explains how to form the imperfect tense and when to use it.

1 Students fill in the imperfect tense verbs in a gap-fill text about shopping in the past. Jumbled infinitives are provided for students to choose from.

Answers:
1 *était*   **2** *avait*   **3** *allais*   **4** *achetais*   **5** *avais*
6 *était*   **7** *faisait*   **8** *vendait*   **9** *proposait*
10 *connaissais*   **11** *allait*   **12** *tricotait*
13 *existaient*   **14** *achetaient*

2 Students imagine themselves ten years into the future, looking back on their life today. They use the imperfect tense to describe their life in terms of where they lived, their daily routine, values and priorities. Some sentence beginnings are provided as a framework.

Indirect speech

This section provides tips and activities to help students transfer direct speech to indirect speech.

3 Students rewrite some examples of direct speech in indirect speech.

Answers:
a *Claire a dit qu'elle préférait habiter seule, parce que cela la rendait plus indépendante.*
b *Elle a expliqué qu'elle était libre de faire ce qu'elle voulait sans s'inquiéter de la curiosité des autres.*
c *Elle a ajouté qu'un jour elle aurait de nouveau une vie de famille avec son mari et ses enfants et que ce serait toute autre chose.*

4 Students rewrite a text in indirect speech. Instead of using *Elle a dit que ...* throughout, they are encouraged to vary the expressions, e.g. *Elle a ajouté que ..., Elle a avoué que ..., Elle a expliqué que ...*

Example answer:
Ghislaine a dit qu'elle était étudiante à Paris et qu'elle logeait dans un foyer d'étudiants où elle avait une chambre à elle et une cuisine qu'elle partageait avec six autres. Elle a ajouté qu'elle avait 20 heures de cours par semaine, mais que pour le reste du temps elle devait gérer son emploi du temps. Elle a expliqué qu'elle avait des examens à préparer, et du travail à rendre, mais qu'elle avait une certaine liberté aussi. Elle a signalé qu'elle pouvait travailler chez elle ou aller à la bibliothèque, et qu'elle pouvait choisir quand elle voulait faire quoi. Elle a avoué que si elle était invitée quelque part, elle y allait et elle finissait son travail avant ou après.

Au choix

page 93

Planner

Resources
♦ Students' Book page 93
♦ CD 2 track 25

---

1 Working in pairs, students take turns to interview each other about lifestyle preferences. Suggested themes are accommodation, shopping, transport, and day-to-day life. Ask them to note down their partner's answers to the questions.

Follow-up activity:
Ask students to report back to the class on their partner's lifestyle preferences, referring to their notes from the interview in activity 1. This provides an opportunity to practise transferring direct speech to indirect speech.

To further exploit students' interviews, ask them to write two reports about their partner's lifestyle preferences: one report in direct speech, and the other is in indirect speech.

2a Students read three tips about shopping at a flea market. They summarise each piece of advice in English.

Answers:
1 *Choose a stall which is well organised and where the owner looks well presented.*
2 *Avoid stalls where there are lots of customers because the goods are probably cheap and low quality (or choose a stall where there aren't many customers, as it's a sign that the goods cost a little more and are therefore probably better quality).*
3 *Try to find good quality goods at low prices, rather than just goods that are very cheap.*

2b Students search the three tips for synonyms for expressions a–d.

Answers:
a *du bazar*
b *la foule*
c *distinguer*
d *passionnantes*

2c Students match some expressions underlined in the texts to their corresponding synonyms.

Answers:
d'habitude, le marchand, entouré de, bon marché, de temps en temps, le prix

3 Students listen to some advice aimed at people who want to set up a stall at a flea market. They complete each sentence, choosing from the multiple-choice phrases provided.

Answers:
A *iii* **b** *ii* **c** *i* **d** *iii* **e** *iii* **f** *iii*

CD 2 track 25	p. 93, activité 3

– Bonjour Laurent, et bienvenue au studio. On m'a dit que vous passez vos week-ends comme vendeur au marché aux puces. C'est vrai?
– Bonjour! Oui, c'est vrai. Je trouve que c'est un excellent moyen de se faire un peu d'argent en se débarrassant des trucs dont on n'a plus envie.
– Et vous pouvez nous donner quelques conseils, quelques astuces pour ceux qui voudraient faire de même?
– Euh, oui … d'abord, je dirais qu'il faut choisir avec soin ce qu'on va vendre. Un stand plein de n'importe quoi n'est pas forcément attirant. Quelques marchandises bien choisies et bien rangées donnent une meilleure impression, je crois. Je passe la moitié de mon temps à ranger les habits pour faire propre. Cela montre aux clients que je prends les choses au sérieux.
– Et ça va vite, normalement?
– Ah non, il faut être patient. Au début, on veut tout vendre et vite et on est tenté d'offrir des prix bas, mais il vaut mieux patienter et attendre le milieu de l'après-midi avant de baisser les prix. Après tout, on veut faire un bénéfice!
– C'est difficile de choisir les prix?
– Il faut avoir une idée de vos prix à l'avance, puis on demande un peu plus que prévu parce que les clients essaient toujours de négocier.
– Vous avez un dernier conseil?
– Oui, j'en ai deux. D'abord, mettez vos plus belles pièces là où les clients vont les voir facilement … Mais en même temps, attention aux voleurs!
– Merci, Laurent. C'était très intéressant.

Révisions Unités 5–6

pages 94–95

Planner

Resources
♦ Students' Book pages 94–95
♦ CD 3 track 20

1a Students read an article about youth culture and preferred leisure activities of young people. They identify key information in the text. (9 marks)

Answers:
a *le temps passé entre copains, le cinéma*
b *le shopping, la communication intense, la lecture, écouter de la musique, les activités artistiques amateur*
c *les jeux vidéo (multimédia), le sport*

1b Students read the article again and indicate whether statements a–f are true, false or not mentioned. (6 marks)

Answers:

a *F (1 276 jeunes ont participé à l'enquête)*

b *PM*

c *F (les filles sont plus nombreuses à lire)*

d *V*

e *V*

f *V*

2 Students relate the information given in the article (activity 1) to their own friends and acquaintances. Do they see any differences between the preferred leisure activities of boys and girls that they know? They write about 200 words, giving examples to justify their opinion. (10 marks for content, 10 marks for quality of language)

3a Students read an information leaflet in English about the London Travelcard. They imagine they are about to telephone their French penfriend to recommend the Travelcard (see 3b) and they write notes to help them plan what they are going to say.

3b In pairs, students act out a telephone conversation about the London Travelcard. Student A explains the benefits of the Travelcard to their French penfriend (student B), while B listens and asks additional questions. The pair then swap roles. Students may refer to their notes from activity 3a but encourage them to avoid reading from a complete script. (2 marks per bullet point successfully communicated = 10 marks, plus 10 marks for quality of language)

 4a Students listen to a radio phone-in about lifestyle. They match the people to the corresponding lifestyles. (4 marks)

Answers:

1 *c*   **2** *d*   **3** *a*   **4** *b*

CD 3 track 20   **p. 95, activités 4a et 4b**

– … Quelle belle chanson! Et maintenant, pour la discussion du jour … la question que nous avons choisie, est la suivante … Est-ce que nos modes de vie sont très différents les uns des autres? Je vais d'abord poser cette question à nos invités ici dans le studio. Alors, Lucie, qu'en pensez-vous? Quel est votre mode de vie?

– Pour moi, qui suis étudiante ici à Paris, j'ai un mode de vie assez modeste. Vous savez, le tout petit appartement loin du centre, le manque perpétuel d'argent, le stress des examens. Mes parents, par contre, ont un tout autre mode de vie. Ayant pris leur retraite, ils mènent une vie

---

tranquille et ils ont les moyens de partir en vacances et d'acheter ce qu'ils veulent, même s'ils ne sont pas riches.

– Voilà donc deux modes de vie très différents. Et vous, Charles, comment décririez-vous votre mode de vie?

– Vous savez, si comme moi, on est toujours pressé, avec mille choses à faire chaque jour et peu de repos, ça entraîne provoque un certain mode de vie. Si on compare la vie des actifs à celle des gens qui ne travaillent pas, pour une raison ou pour une autre, il y a des différences fondamentales. Les gens ont des modes de vie différents parce qu'ils ont des rythmes de vie très différents.

– Merci, Charles. Et maintenant un appel d'un de nos auditeurs … Bonjour, c'est bien Eric à l'appareil? Oui, c'est lui. Alors, Eric, qu'avez-vous à nous dire?

– Bonjour! Moi, ce que je trouve intéressant, c'est que je peux acheter un certain mode de vie parce que j'ai les moyens. J'ai pu financer un appartement de luxe sur les Champs-Elysées et l'aménager avec des meubles design. J'ai les moyens d'acheter des objets d'art, donc je le fais. C'est surtout une question d'argent.

– Merci. Malheureusement, il ne nous reste plus de temps. Je dis donc merci aux invités du studio et bien sûr à Eric pour son appel, et à vous chers auditeurs et auditrices. A la semaine prochaine.

 4b Students listen to the phone-in again and complete sentences about the speakers' lifestyles. (9 marks, as shown below)

Answers:

a any two of: *son appartement est petit, manque d'argent, elle trouve les examens stressants* (2 marks)

b *partir en vacances, acheter ce qu'ils veulent* (2 marks)

c *mille choses à faire chaque jour, peu de repos* (2 marks)

d *un appartement de luxe sur les Champs-Elysées, des meubles design, des objets d'art* (3 marks)

Unité 7   Allez les sportifs

Unit objectives
By the end of this unit students will be able to:
- Discuss reasons for taking part in sport
- Discuss the health benefits of sport
- Talk about French sports stars
- Discuss fair play in professional sport

Grammar
By the end of this unit students will be able to:
- Talk about the future
- Use verbs linked to an infinitive with *à* and *de*
- Use emphatic pronouns
- Use the pronouns *y* and *en*

Skills
By the end of this unit students will be able to:
- Use synonyms and antonyms
- Answer questions on a French text

pages 96–97

1 Students name nine traditional sports represented by pictures in a grid.

Answers:

a *le basket*	**b** *le golf*	**c** *le canoë*
d *le football*	**e** *l'équitation*	**f** *le handball*
g *le judo*	**h** *le tennis*	**i** *la pétanque*

2a Students guess the popularity in France of these nine sports, listing them in order from the most to the least popular.

Answers:

d, h, g, e, a, i, b, f, c

 2b Students listen to check their answers to activity 2a.

CD 2 track 26   **p. 96, activité 2b**

Le sport avec le plus grand nombre de licenciés en France, c'est le football, suivi du tennis, du judo et de l'équitation. En cinquième place vient le basket, suivi de la pétanque et du golf. Aux huitième et neuvième places, d'après notre sondage, on trouve le handball et puis le canoë.

Follow-up activity:

Provide students with the following list of statistics and ask them to consider whether they are true or false:

1 *Les sports les plus pratiqués en France sont le vélo, la natation et la marche.*

2 *Il y a environ 18 million amateurs de vélo en France.*

3 *Un Français sur deux est membre d'un club sportif.*

4 *La France est un des pays les plus sportifs de l'Union européenne.*

5 *Beaucoup plus de Français sont membres d'un club de tennis que de rugby.*

6 *Il y a plus de 20 mille clubs de pétanque en France.*

7 *Environ 10% des membres de clubs de football français sont des femmes.*

8 *En ce qui concerne les ados, le tennis est tout aussi populaire avec les garçons qu'avec les filles.*

9 *90% des jeunes gymnastes sont des filles.*

10 *Plus de garçons que de filles s'intéressent aux arts martiaux.*

Answers:

1 *Vrai*

2 *Vrai*

3 *Faux (c'est plutôt un Français sur quatre)*

4 *Vrai (parce que seulement 15% des Européens sont licenciés)*

5 *Vrai (plus d'un million de Français sont membres d'un club de tennis, tandis que seulement 235 mille font partie d'un club de rugby)*

6 *Faux (il n'y en a que 6 600)*

7 *Faux (seulement 2,3% sont des femmes)*

8 *Vrai*

9 *Faux (environ 72% des gymnastes français sont féminins)*

10 *Faux (plus de 60% des jeunes amateurs d'arts martiaux sont des filles)*

3 Students match the names of nine sports to the corresponding pictures.

Answers:

a *le surf*

b *le VTT*

c *le paintballing*

d *le saut à l'élastique*

e *le parapente*

f *le snowboarding*

g *le skate*

h *le jetski*

i *le parkour*

4a Students work in pairs. Student A reads out questions on sports preferences; for each question, B chooses one of the two named sports. Traditional sports (e.g. *le hockey*, *le football*, *le rugby*) are in blue; 'fun' sports (e.g. *le paintballing*, *le jetski*, *le surf*) are in red. When they reach the end of the list of questions, students swap roles.

4b Students refer back to their answers to activity 4a to see how many traditional sports and how many fun sports they chose. They work out which general category they prefer.

5 This activity presents five questions to discuss in class:

a *Etes-vous plutôt du genre sport traditionnel ou 'funsport'?*

b *Préférez-vous des sports individuels ou d'équipe?*

c *Faites-vous plus de sports en été ou en hiver?*

d *Faites-vous assez de sport à l'école?*

e *Pour vous, le sport est-il un devoir ou un plaisir?*

Pourquoi faire du sport?

pages 98–99

Planner

Grammar focus

♦ The future tense

Key language

♦ *Pourquoi faire du sport?*
  pour se détendre, pour se maintenir en forme, pour garder la ligne, pour éviter le stress, pour avoir beaucoup d'énergie, pour être membre d'une équipe, pour retrouver la forme après une maladie, pour le plaisir (de gagner), pour s'entraîner

♦ *ça développe (la concentration/l'agilité), c'est un sport très (excitant/dangereux), c'est un sport qu'on peut pratiquer (seul/à plusieurs), on peut (devenir très musclé/profiter de la nature)*

♦ *enseigner, perfectionner, progresser*

♦ *un(e) débutant(e)*

♦ *le contrôle de soi, la décontraction, le savoir faire*

♦ *à son niveau*

Resources

♦ Students' Book pages 98–99

♦ CD 2 track 27

♦ Grammar Workbook page 54

♦ Copymaster 32

---

1 Students respond orally to three general questions on the sports they do: *Quels sports avez-vous déjà pratiqués? Quels sports peut-on pratiquer dans votre école/dans votre ville? Combien d'heures de sport faites-vous par semaine?*

2 Students read four short texts and pick out the various reasons for doing sport.

Answers:

pour se détendre, pour se maintenir en forme, pour garder la ligne, pour éviter le stress, pour avoir beaucoup d'énergie, pour être membre d'une équipe, pour retrouver la forme après une maladie, pour le plaisir, pour le plaisir de gagner, pour s'entraîner

 3 Students listen to three young people talking about the sports they do. For each person, they make notes under six headings: which sport they do, where they do it, with whom, when, any equipment needed, and advantages/disadvantages.

Answers:

Hervé:

a *la planche à voile*

b *près de Quiberon en Bretagne*

c *avec trois amis*

d *douze mois par an*

e *une planche, une combinaison de plongée*

f *avantages: on peut devenir très musclé et profiter au maximum de la nature; inconvénients: c'est difficile d'en faire quand on habite loin de la mer ou d'un lac, ou quand il n'y a pas assez de vent*

Isabelle:

a *l'escalade*

b *dans les Pyrénées ou sur des murs en salle*

c *avec le club de jeunes*

d *tous les week-ends et pendant les vacances*

e *des cordes, des mousquetons, des pitons, un casque*

f *avantages: l'escalade développe la concentration et l'agilité, c'est un sport qu'on peut pratiquer seul ou à plusieurs; inconvénients: c'est assez dangereux*

Pascal:

a *le rafting*

b *dans les gorges de l'Aveyron*

c *avec d'autres/avec le camp de vacances*

d *pendant les mois de juillet et d'août*

e *un casque, un gilet de sauvetage*

f *avantages: c'est un sport très excitant, ça permet d'aller dans des endroits où personne ne peut aller; inconvénients: on ne peut en faire que deux mois par an*

CD 2 track 27   **p. 98, activité 3**

Hervé

J'adore faire de la planche à voile. J'habite en Bretagne, alors c'est facile pour moi de sortir pour m'entraîner. Je peux même voir la mer de la fenêtre de ma chambre! D'habitude, je fais de la planche à 10 kilomètres de Quiberon avec trois amis qui sont aussi fous que moi. Je m'entraîne hiver comme été, douze mois par an. Pour faire de la planche à voile, il faut bien sûr une bonne planche – ce qui coûte assez cher – et une combinaison de plongée si on veut pouvoir s'entraîner quand il fait froid.

A mon avis, la planche à voile est un sport parfait. Cela permet d'être très musclé, surtout des bras, et de profiter au maximum de la nature. Aussi, cela donne d'excellentes sensations de vitesse et de liberté. Le seul problème? C'est difficile d'en faire quand on habite loin de la mer ou d'un lac, et c'est parfois très frustrant quand il n'y a pas assez de vent.

Isabelle

Mon sport préféré, c'est l'escalade. J'en fais tous les week-ends et pendant les vacances avec le club de jeunes dont je fais partie. On fait de l'escalade soit dans les Pyrénées, soit sur des murs en salle dans la région. Personnellement, je préfère escalader de vraies parois rocheuses, mais ce n'est pas toujours possible de se déplacer parce que cela coûte assez cher et que le temps est parfois trop mauvais.

L'escalade est un sport assez dangereux et c'est pourquoi on doit faire très attention à la qualité du matériel. Il faut des cordes, des mousquetons, des pitons et bien sûr un casque! Ainsi, on peut profiter des frissons de l'altitude en toute sécurité.

Pour moi, l'escalade est un sport pur, très physique, qui développe la concentration et l'agilité. C'est aussi un sport qu'on peut pratiquer seul ou à plusieurs: un excellent moyen pour se faire de bons amis!

Pascal

Je fais du rafting tous les étés dans les gorges de l'Aveyron où je passe les mois de juillet et d'août dans un camp de vacances. C'est une région superbe et tout le matériel est disponible pour pratiquer ce sport. Il y a une vingtaine de rafts, mais aussi des kayaks pour s'entraîner sur des portions calmes de rivière.

Le rafting se pratique généralement à plusieurs et on doit obligatoirement porter un casque et un gilet de sauvetage. Il est aussi bien sûr indispensable de savoir nager! J'adore le rafting parce que c'est un sport vraiment très excitant avec des sensations fortes. On a peur, on crie, on est très secoué et le sentiment de vitesse est incroyable. Aussi, cela permet d'aller dans des endroits où personne ne peut aller, avec de grandes falaises de chaque côté de la rivière.

Le seul aspect négatif: je ne peux faire du rafting que deux mois par an.

4 Students work in pairs: student A plays the role of one of the three young people interviewed in activity 3, and student B asks questions; they then exchange roles. Students can use activity 3 as a starting point and perhaps make up supplementary questions.

5a Students read an extract from a sports camp programme and list the seven sports mentioned.

Answers:

le handball, le beach volley, le catamaran, la planche à voile, le ski, la danse, le judo

Follow-up activity:

Ask students to read the sports programme again and choose an activity for the following types of people:

Quelqu'un qui veut:

a *faire quelque chose de créatif*

b *apprendre un sport d'hiver*

c *se détendre à la plage*

d *essayer un art martial*

e *jouer en équipe*

Answers:

a *la danse*

b *le ski*

c *le beach volley et multi-voiles*

d *le judo*

e *le handball*

5b Students find in the text the French expressions for the English words and phrases.

Answers:

a *perfectionner*

b *décontraction*

c *un débutant*

d *à son niveau*

e *le savoir faire*

f *progresser*

g *le contrôle de soi*

h *enseigner*

Grammaire

The future tense

This section reminds students of different ways to refer to the future in French:

- ♦ the present tense with a future time phrase
- ♦ *aller* + infinitive
- ♦ the future tense (*futur simple*)

A Students find seven examples of the future tense in the text on *Sports Elite Jeunes*. They decide which one is irregular.

Answers:

aidera, s'adonneront, ravira, permettra, pourront, transmettront, commenceront

(The irregular verb is *pourront*.)

B Students translate the verbs from activity A into English.

Answers:

notre programme aidera à – our programme will help to

les filles et les garçons s'adonneront à – boys and girls will immerse themselves in/devote themselves to

le site de Boulouris vous ravira – you'll be thrilled/delighted by the Boulouris site

la qualité de l'enseignement ... permettra au débutant – the quality of the teaching … will allow the beginner

les jeunes pourront découvrir – young people will be able to discover

c'est ce que nos moniteurs transmettront – that's what our instructors will pass on/communicate

ils commenceront aussi à enseigner – they'll also begin to teach

C Students rewrite the infinitives in the future tense to match the given pronouns.

Answers:

1 *on jouera*
2 *ils feront*
3 *nous pourrons*
4 *je m'amuserai*
5 *tu nageras*
6 *elles apprendront*
7 *vous passerez*
8 *il expliquera*
9 *elle partira*

C 32 See Copymaster 32 for further activities focusing on ways to refer to the future.

6 Students write a letter to a friend to persuade them to go on a *Sports Elite Jeunes* holiday. The prompts encourage them to reuse the language of the spread, including the future tense, explaining why they want to go on this type of holiday, what exactly they will do and what they will learn from the experience.

Top sport, top santé

pages 100–101

Planner

Grammar focus

♦ Verbs linked to an infinitive with *à* and *de*

Key language

♦ *Parler de l'avenir:*
  – *avec le présent: Ce week-end, j'arrête de fumer. Ce soir, je fais du jogging.*
  – *avec un futur: Je vais + infinitif. J'irai ...*
  – *avec un conditionnel: Je voudrais ... J'aimerais ...*
  – *avec des expressions: J'espère/Je compte/Je pense + infinitif. J'ai envie de/J'ai l'intention de/J'envisage de + infinitif.*

♦ *les artères (f), le cœur, les muscles (m), les os (m), les poumons (m)*

♦ *le cancer, le diabète, les maladies (f) cardio-vasculaires, l'obésité (f), le surpoids*

♦ *éviter, fonctionner, lutter contre, respirer*

♦ *le moral, le sommeil*

Resources

♦ Students' Book pages 100–101
♦ Grammar Workbook page 70

---

1 Students discuss their sport and activity levels using the questions provided: *Combien d'heures de sport faites-vous par semaine? Qu'est-ce que vous faites et avec qui? Voyagez-vous trop en voiture? Quand allez-vous à pied? Y a-t-il des trajets que vous faites à vélo?*

2a Students read a text about today's sedentary society and find two statistics relating to adolescents and their level of inactivity.

Answers:

Barely a third of Year 7 pupils walk or cycle for more than 20 minutes to get to school; nearly half of girls and a quarter of boys don't do any sport outside of school.

2b Students read the text again and make three lists: illnesses caused by lack of activity, the reasons for today's sedentary lifestyle, and examples of inactive leisure pursuits.

Answers:

a *l'obésité, le diabète, les maladies cardio-vasculaires, les cancers*

b *les conditions de vie plus confortables (le transport motorisé, les ascenseurs, le chauffage central, la climatisation)*

c *la télé, les jeux vidéo, l'ordinateur*

Grammaire

Verbs linked to an infinitive with 'à' and 'de'

This section focuses on verbs that are followed by the prepositions *à* or *de* and an infinitive, e.g. *apprendre/aider à* + infinitive, *essayer/finir de* + infinitive.

A Students reread the text and find three verbs used with *à* and four used with *de*.

Answers:

hésiter à, encourager à, commencer à; choisir de, permettre de, refuser de, oublier de

B Students translate sentences using some of these verbs into French.

Answers:

1 *Je refuse de faire du sport.*

2 *Il aide son ami à s'entraîner pour le marathon.*

3 *Quand vas-tu commencer à jouer au handball?*

4 *Ils ont oublié d'acheter des baskets.*

5 *Tu es paresseux/paresseuse! Tu choisis toujours de rester à la maison.*

3a Students match pictures of body parts to the appropriate vocabulary.

Answers:

a *les artères*

b *les poumons*

c *les os*

d *les muscles*

e *le cœur*

3b Students match English to French vocabulary.

Answers:

to work – *fonctionner*

being overweight – *le surpoids*

good spirits – *le moral*

to avoid – *éviter*

to fight against – *lutter contre*

to breathe – *respirer*

sleep – *le sommeil*

4a Students use the *Expressions-clés* to fill gaps in statements expressing good intentions.

Answers:

a *faire*

b *envisage, jouer*

c *être*

d *compte (ou pense)*

e *l'intention (ou envie)*

f *compte (ou pense)*

g *ferai*

4b Students write eight good intentions of their own using the *Expressions-clés*.

5a Students write a leaflet for young people on the dangers of inactivity and the benefits of sport and exercise.

5b Students perform a role-play: student A plays the role of a journalist; student B is a sports or health expert. A interviews B on the topic of young people and their inactive lifestyle.

Allez la France!

pages 102–103

Planner

Grammar focus

♦ Emphatic pronouns

Skills focus

♦ Synonyms and antonyms

Key language

♦ *la gymnastique artistique, le kayak, le ski alpin, le VTT (Vélo Tout Terrain)*

♦ *(gagner/remporter/décrocher/s'offrir) une médaille*

♦ *un triomphe, une victoire*

Resources

♦ Students' Book pages 102–103

♦ CD 2 track 28

♦ Grammar Workbook page 27

♦ Copymasters 30 and 34

 1a Students read and listen to the text *Médailles d'or pour la France*, in which young people discuss their sporting heroes. They note the sport of each one.

Answers:

1 *Benoît Peschier: le kayak*
2 *Laure Manaudou: la natation*
3 *Julien Absalon: le VTT*
4 *Antoine Dénériaz: le ski alpin*
5 *Emilie Le Pennec: la gymnastique*

CD 2 track 28 p. 102, activités 1a et 1b

1 – Moi, mon sport c'est le kayak. Donc j'ai toujours admiré Benoît Peschier qui a remporté la médaille d'or aux Jeux Olympiques d'Athènes. En tant que kayakiste français, je suis fier de lui. Moi aussi, je rêve de briller!

2 – Laure Manaudou a décroché trois médailles d'or pour la natation aux JO d'Athènes. Elle a gagné sur le 400 mètres nage libre, le 100 mètres dos et le relais 4 fois 100 mètres 4 nages. Des victoires magnifiques pour elle et pour la France!

3 – Julien Absalon était débutant quand il s'est offert la médaille d'or avec un temps de 2:15:02 à l'épreuve de Vélo Tout Terrain. Quant aux cyclistes plus expérimentés, eux ils ont dû se contenter d'Argent et de Bronze.

4 – Antoine Dénériaz, lui aussi, a devancé tous les favoris quand il a gagné la médaille d'or lors de la descente de ski alpin des Jeux Olympiques de Turin. Avec son temps de 1 minute 48 secondes il a pu prendre la première place à deux anciens champions du monde.

5 – Emilie Le Pennec a remporté la première médaille d'or de l'histoire de la gymnastique artistique féminine française. L'année précédente elle s'était blessée au mollet, donc sa note de 9,687 à la finale des barres asymétriques était un triomphe formidable. Chez nous, au club de gymnastique, on parlait souvent d'elle et de sa ténacité.

1b Students read and listen again, and note other details to discuss with a partner.

1c Students complete sentences based on the text using their own words.

Possible answers:

a ... *gagné une médaille d'or aux Jeux Olympiques d'Athènes.*
b ... *gagné trois médailles d'or pour la natation.*
c ... *était débutant ... cyclistes plus expérimentés.*
d ... *gagner la médaille d'or lors de la descente de ski alpin.*
e ... *gagner une médaille d'or pour les barres asymétriques.*

Grammaire

Emphatic pronouns

Students are reminded of the use of emphatic pronouns for emphasis and after prepositions.

A Students find two more examples of each use of emphatic pronouns in the text *Médailles d'or pour la France*.

Answers:

For emphasis: ***moi** aussi, je rêve de briller;* ***eux** ils ont dû se contenter d'Argent et de Bronze*
After a preposition: *je suis fier de **lui**; on parlait souvent d'**elle***

B Students complete each sentence with an appropriate emphatic pronoun.

Answers:

1 *elle*
2 *eux*
3 *nous*
4 *moi*
5 *toi*

C Students translate short phrases into French.

Answers:

1 *avec nous*
2 *sans lui*
3 *après moi*
4 *pour toi/vous*
5 *à côté d'eux*
6 *derrière elle*

---

3 Students read a text on the young athlete Samuel Coco-Viloin and decide whether statements are true (*V*), false (*F*) or not mentioned in the text (*PM*).

Answers:

a *V*
b *F (il commence l'athlétisme à l'âge de 15 ans)*
c *V*
d *V*
e *PM*

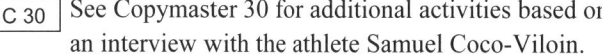 C 30 See Copymaster 30 for additional activities based on an interview with the athlete Samuel Coco-Viloin.

Grammaire

The conditional

Students learn about how to form the conditional and when to use it.

A Students look at Martin's text and find six examples of the conditional and translate them into English.

B Students complete the sentences using the conditional.

Answers:

1 *Je gagnerais des médailles.*
2 *Je représenterais la France.*
3 *Je pourrais voyager partout dans le monde.*

Compétences

Synonyms and antonyms

This skills section explains synonyms and antonyms. Students are advised to use synonyms in order to avoid repetition and enrich their language.

A Students search for synonyms in the text *Médailles d'or pour la France*: four ways to express winning a medal; and two phrases for a good victory.

Answers:

remporter, décrocher, s'offrir, gagner; une victoire magnifique, un triomphe formidable

B Students find synonyms.

Answers:

1 *commencer*
2 *participer à*
3 *malgré*
4 *capital*

C This section on antonyms points out that learning words in pairs of opposites is a useful way to increase one's vocabulary. Students think up five more words and their antonyms.

C 34 Copymaster 34 provides further activities focusing on synonyms and antonyms.

3 Students do some research on a French athlete and then present him/her to the class. Areas of research are suggested, e.g. date and place of birth, how they first started in the sport, their career to date and plans for the future.

4 Students research a British athlete and write his or her biography in French, using activity 3 as a starting point.

Le fair-play: quelle est l'influence des professionnels?

pages 104–105

Planner

Grammar focus

♦ The pronouns *y* and *en*

Skills focus

♦ Answering questions in French

Key language

♦ *tricher pour gagner, se disputer avec l'arbitre, contester la défaite, réagir de façon violente, chercher des excuses pour une défaite*
♦ *respecter les adversaires, féliciter l'autre équipe lorsqu'on a perdu, faire de son mieux à tout moment*
♦ *lutter contre (la corruption/le dopage/le racisme/la violence/les paris)*

Resources

♦ Students' Book pages 104–105
♦ CD 2 track 29
♦ Grammar Workbook page 25
♦ Copymasters 29 and 31

---

1 Students are reminded of the incident during the 2006 World Cup when Zinédine Zidane head-butted another player. They discuss what happened and what they think about it.

2 Students listen to five opinions on the incident. They listen first without reading the text, and decide whether each person has a positive or negative opinion of the incident. After listening, they read the text to check their answers.

Answers:
Positif: 3, 4, 5 Negatif: 1, 2

CD 2 track 29   **p. 104, activité 2**

1 Des médailles, Zidane en a plein, mais on a vu ce coup de tête partout dans le monde, et je pense vraiment que cela a ruiné sa réputation.
2 Moi, j'étais au match. J'y suis allé voir un grand spectacle de sport, mais le coup de tête de Zidane a gâché tout cela.

---

3 Le fameux coup de tête? Oui, je m'en souviens très bien! Mais ce qui est pire, c'est que l'on n'a pas gagné. Comme insulte, ce n'était pas si grave.

4 Condamner Zidane pour cela? J'hésite, parce qu'en fin de compte il a brillé pour la France pendant des années. On ne peut pas oublier tout cela pour un moment de folie!

5 De mauvais moments? Oui, Zidane en a comme tout le monde. Mais je crois qu'on doit lui pardonner! N'oublions pas son talent et son grand succès pour la France.

Grammaire

The pronouns 'y' and 'en'

A Students find examples of *y* and *en* in the text for activity 2.

Answers:
y:
*Moi, j'étais au match. J'**y** suis allé voir un grand spectacle de sport.*

en:
*Des médailles, Zidane **en** a plein.*
*Le fameux coup de tête? Oui, je m'**en** souviens très bien!*
*De mauvais moments? Oui, Zidane **en** a comme tout le monde.*

B Students rewrite sentences, using the pronouns *y* and *en* to replace underlined words.

Answers:
1 *Oui, j'y pense toujours.*
2 *Oui, j'en ai beaucoup.*
3 *Ah non, je m'en souviens très bien.*
4 *Oui, nous y allons tous les soirs.*

3a Students read eight phrases and tick those that are examples of fair play.

Answers:
b, f, h

3b Students read the first paragraph of a text on fair play and decide which phrases from activity 3a are mentioned.

Answers:
a, b, d, f, g

3c Students find three examples of unsporting behaviour mentioned in the second paragraph.

Answers:
se disputer avec l'arbitre, cracher par terre, se battre entre eux

3d Students answer a question on the text.

Answer:
Ils doivent lutter contre la corruption, le dopage, le racisme, la violence et les paris.

Compétences

Answering questions in French

This section provides tips on how students can adapt the original language from a text to help them construct their own answers in French to questions about the text.

A Students adapt sentences from the text in response to questions, changing the first person singular verbs into the third person.

Answers:
1 *Il n'aime pas voir ses élèves tricher.*
2 *Il leur dit qu'une victoire malhonnête est sans valeur.*
3 *Il encourage ses élèves à féliciter les vainqueurs.*

Follow-up activity:
Look at further ways in which the language of a text can be adapted in order to build answers to questions. Ask students the following question about the text on fair play – they will need to change the infinitives used in the text (*se disputer, cracher, se battre*) into conjugated verb forms:
Que font quelques joueurs professionnels qui donnent un mauvais exemple?

Answer:
Ils se disputent avec l'arbitre, ils crachent par terre, ils se battent entre eux.

Ask students another question about the text: here, they will need to change the conjugated verb form used in the text (*Combien rejettent la violence …?*) into an infinitive following *devoir*:
Que doivent faire les joueurs professionnels pour lutter contre la violence dans le sport?

Answer:
Ils doivent rejeter la violence à haute voix.

4 Students use the language learnt on this spread to discuss their views on the behaviour of famous sports players. Each person cites an example and gives their opinion.

5 Students write a piece on *le fair-play*, explaining what exactly it is and why they feel it is (or isn't) important.

C 29 Copymasters 29 and 31 provide further activities
C 31 based on the themes of this spread.

g *servira*
h *laissera*

Grammaire active

page 106

Planner

Grammar focus

♦ Talking about the future

Resources

♦ Students' Book page 106

Talking about the future

The first *Rappel* section on this page reminds students of different ways to refer to the future:
♦ the present tense with a future time phrase
♦ *aller* + infinitive
♦ *compter/espérer*, etc. + infinitive
♦ the future tense (*le futur simple*)

1 Students give a presentation on how they see their own future, referring to:
♦ what they are going to do during the rest of their time at school (*aller* + infinitive)
♦ what they plan to do after leaving school (*je compte/j'espère/je voudrais* + infinitive)
♦ what they see themselves doing in the distant future (future tense).

The second *Rappel* section reminds students how to form the future tense. Students are referred to the verb tables in the Grammar section of the Students' Book for the stems of irregular verbs.

2a Students read a text about the 2012 Olympic Games.

2b Students choose from a list of verbs to complete gap-fill sentences summarising the text. Each verb is in its infinitive form and must be rewritten in the future tense.

Answers:
a *aura*
b *dureront*
c *viendront*
d *utilisera*
e *protégera*
f *recyclera*

Au choix

page 107

Planner

Resources

♦ Students' Book page 107
♦ CD 2 track 30

---

 1 Students listen to a text on Marie-José Perec and complete a table of information about her.

S *Answers:*

Nom	Perec
Prénom	*Marie-José*
Date de naissance	*le 9 mai 1968*
Lieu de naissance	*Guadeloupe*
Taille	*1,80 m*
Poids	*58 kilos*
La seule athlète française à ...	*être trois fois championne olympique*
Victoires olympiques:	
à Barcelone	*400 mètres*
à Atlanta	*200 mètres, 400 mètres*

CD 2 track 30   **p. 107, activité 1**

Une des plus célèbres athlètes françaises, c'était Marie-José Perec. Elle est née le 9 mai 1968 à Basse-Terre en Guadeloupe et elle est très grande et mince (un mètre 80 pour 58 kilos). Elle a été sélectionnée 25 fois en équipe de France et elle est la seule athlète française à avoir été trois fois championne olympique. Elle a gagné la médaille d'or sur 400 mètres aux Jeux de Barcelone de 1992. Puis, en 1996, aux Jeux d'Atlanta, elle a gagné deux médailles d'or, sur 200 mètres et 400 mètres.

---

2 Students look at a list of the 26 official Olympic sports and discuss them following the prompts provided:

♦ *Lesquels pratiquez-vous? (Quand? Avec qui?*
  A quel niveau?)
♦ *Lesquels aimez-vous regardez et pourquoi?*
♦ *Lesquels aimeriez-vous retirer de la liste? Y a-t-il*
  d'autres sports que vous aimeriez voir aux JO?
  Lesquels?

3 Students read a text on childhood inactivity and complete a summary of it in English.

Answers:
... 41% of children spend more than two hours a day watching TV, and nearly all children say that TV is one of their top five favourite pastimes.
... it has been observed that children are watching less TV.
... they are showing a preference for other sedentary activities, such as games consoles, the Internet and DVDs.

4 Students write a report on *Les ados et la vie sédentaire* for the website *Santé-Jeunes*. They write about 100 words on how much sport or physical activity they currently do and what they intend to do in the future.

Unité 8 Le tourisme

Unit objectives

By the end of this unit students will be able to:

♦ Describe their holiday experiences
♦ Say what they think about different types of holiday
♦ Discuss the pros and cons of tourism
♦ Discuss the impact of tourism on holiday destinations
♦ Talk about transport in the context of holidays

Grammar

By the end of this unit students will be able to:

♦ Use the imperative
♦ Use the passive
♦ Start a sentence with an infinitive

Skills

By the end of this unit students will be able to:

♦ Use their knowledge of word families to extend their vocabulary
♦ Tackle listening tasks more effectively
♦ Use a range of phrases for convincing someone of their point of view

pages 108–109

1 Working first in pairs, then in small groups, students talk about how they used to spend holidays during their childhood. Their aim is to find the person with whom they have most in common in terms of holiday experiences.

Remind students to use the imperfect tense to talk about regular activities in the past.

2 Students search on the Internet to find answers to questions about *Paris-Plage*. Suggest that they try the website of La Mairie de Paris (www.paris.fr).

Answers:

a *entre juillet et août, pendant environ quatre à cinq semaines*
b *sur 3,5 km*
c *des plages de sable, des palmiers, des transatlantiques et des parasols, des hamacs, des piscines, beaucoup d'activités ludiques et sportives*
d *les habitants de la région qui ne partent pas en vacances*

 3a This recording defines seven different types of holiday. Students listen and match the definitions to the captions. Point out that each definition contains

several clues, so students don't need to try to understand everything that is said.

Answers:
1 *d* **2** *e* **3** *g* **4** *c* **5** *a* **6** *b* **7** *f*

CD 3 track 1   **p. 109, activités 3a et 3b**

1 Alors, ça, ça s'appelle aussi le tourisme vert, ou également le tourisme rural. C'est particulièrement apprécié des personnes qui habitent en ville et qui aiment avoir un contact avec la nature pendant leurs vacances. Alors parfois ces personnes font par exemple un séjour dans une ferme ou dans un gîte rural.

2 Oui, eh bien … c'est une forme de tourisme qui se préoccupe de protéger l'environnement, de bien traiter la planète. Par exemple, quand on pratique cette forme de tourisme, on a tendance à ne pas voyager trop loin … on essaie d'éviter les longs voyages en avion … on essaie aussi d'économiser l'énergie.

3 Cette forme de vacances est surtout pour les jeunes, et c'est un style de vacances qui est souvent choisi plutôt par les parents, qui veulent que leurs enfants améliorent, par exemple, leur connaissance de la langue anglaise. Oui, c'est souvent en Grande-Bretagne ou aux Etats-Unis que ça se passe.

4 Ça, c'est une formule idéale si on a envie de vivre une vie très simple, très basique, pendant les vacances. C'est pour les gens qui n'aiment pas les gîtes ou les hôtels, ou qui trouvent que c'est trop cher. En plus, c'est bien pour rencontrer des gens.

5 Bon, ça, ça concerne les destinations de vacances qui sont à l'extérieur de la France, pour les vacanciers qui ont envie de découvrir de nouveaux horizons, par exemple dans le reste de l'Europe ou même sur un autre continent.

6 Alors ça, ce n'est pas compliqué, c'est sur un bateau. On part sur un grand bateau pour une ou plusieurs semaines. En général, il y a de nombreuses activités de loisir à bord: piscine … golf … casino … et je ne sais pas trop quoi, et on fait des escales dans différents pays pour visiter un peu.

7 Ah oui, ça, ce n'est pas pour tout le monde. Il faut avoir la forme, il ne faut pas avoir peur de marcher, de faire des kilomètres à pied, et puis … de porter un sac à dos. C'est excellent pour perdre quelques kilos, d'ailleurs! Il y a des sentiers très longs, par exemple le GR 51, dans la région méditerranéenne, fait presque 300 kilomètres de long.

3b Students describe in their own words each of the seven types of holiday, either orally or in writing. Play the recording again so that they can take notes.

4 Students read five people's descriptions of their ideal holiday and choose a type of holiday to suit each one. They use the key expressions provided to help them write holiday recommendations for each person, e.g. *Vous pourriez essayer un séjour linguistique en Espagne pour améliorer votre espagnol.*

Encourage students to extend their answers using *parce que*, e.g. *Je vous recommande le camping-caravaning parce que ce n'est pas trop cher.*

5 Working with a partner, students explain which type of holiday they themselves would prefer.

Les vacances des Français

pages 110–111

Planner

Grammar focus

♦ The imperative

Skills focus

♦ Word families

Key language

♦ *partir en vacances, effectuer un séjour de vacances, faire un séjour-vacances, privilégier (la voiture/la France)*

♦ *les vacances (d'hiver/d'été), la destination estivale, le départ (en vacances/en long week-end)*

Resources

♦ Students' Book pages 110–111
♦ CD 3 track 2
♦ Grammar Workbook page 58

1a Students match each caption to a paragraph of the text *Les Français et les vacances*. This encourages skimming and scanning rather than detailed reading of the text.

Answers:
a *paragraphe 3*
b *paragraphe 5*
c *paragraphe 1*
d *paragraphe 4*
e *paragraphe 2*

1b Students focus on a more detailed reading of the text to complete a list of statements about *Les Français et les vacances*

Answers:
1 *tous les autres pays du monde*
2 *chez eux/à la maison pendant les vacances*
3 *en vacances*
4 *ne partent pas en vacances*
5 *choisissent juillet-août pour leur plus long séjour-vacances*
6 *font un séjour-vacances de plus de quatre nuits à l'étranger*
7 *le moyen de transport préféré*
8 *sont les destinations étrangères préférées*
9 *choisissent la campagne*
10 *le semaine de travail de 35 heures*

Grammaire

The imperative

This section reminds students when to use and how to form the imperative.

A Students find examples of the imperative in the text *Les Français et les vacances*. This activity focuses mainly on the *nous* form of the imperative, with one example of the *vous* form.

Answers:
1 *Signalons que ...*
2 *N'oublions pas que ...*
3 *Ajoutons que ...*
4 *Notez que ...*

B This activity points out that the verb *savoir* is irregular in the imperative. Students spot an example of this in the text.

Answer:
Sachez que ...

C Students practise the *nous* form of the imperative by writing a series of suggestions to complete the sentence *Pour être comme les Français les plus typiques …* For example: *Pour être comme les Français les plus typiques, faisons plus de quatre séjours-vacances par an.*

D Students use the *vous* form of the imperative to write advice for different types of people on the kind of holiday they should choose, following the model **Si vous aimez** la mer et les océans, **faites** une croisière. A range of infinitives are provided (e.g. *faire, choisir, aller, prendre, opter pour*). Refer students to pages 108–109 for ideas.

Compétences

Word families

This skills section points out that understanding word families and links between words is a useful way to build vocabulary.

A Students work through a list of words from the text *Les Français et les vacances*; for each item on the list, they find a word that is from the same family but is a different part of speech, e.g. *monde (n) – mondial (adj)*.

1 *monde – mondial*
2 *partent – départ*
3 *un séjour – séjourner*
4 *des ruraux – rural*
5 *continue – continuel*
6 *oublions – oubli*
7 *tradition – traditionnellement*
8 *choisir – choix*
9 *hiver – hivernal*
10 *explique – explication*
11 *estivales – été*
12 *la campagne – campagnard*
13 *devant – devancer*
14 *long – longueur*

B Students make up as many sentences as they can using the words from activity A.

2a Students listen and make notes on the holiday preferences of four different people. Where do they spend their holidays? When and for how long? How do they travel?

Answers:

1 *beaucoup de congés; au printemps/en mai – deux semaines à la campagne; en automne – une/deux semaines; rarement à l'étranger; en train avec vélos*

2 *aime aller à l'étranger; en été – grand voyage/ Europe du Nord; trois semaines; en voiture*

3 *aime visiter de grandes villes en Europe ou ailleurs; passe rarement ses vacances en France; ne va jamais au bord de la mer ou à la campagne; en avion; six/sept petits séjours de quatre/cinq nuits par année*

4 *en été – deux/trois semaines au bord de la mer; en février – une semaine aux sports d'hiver, dans les Pyrénées; essaie de passer un maximum de week-ends à la campagne; résidence secondaire; en voiture*

CD 3 track 2   **p. 111, activités 2a et 2b**

1 Bon, alors nous, dans la famille, nous avons beaucoup de chance, mon mari et moi, parce que nous avons beaucoup de congés. En général, nous aimons bien partir en vacances au printemps parce qu'il y a moins de monde. Nous allons souvent en Sologne, ce qui est, bien sûr, une région rurale … avec de la forêt aussi … et nous y passons souvent deux semaines vers le mois de mai, et puis une ou deux semaines à l'automne. Nous allons rarement à l'étranger pour les vacances parce que mon mari voyage beaucoup pour son travail, donc il préfère ne pas aller trop loin. Et … nous sommes un peu écolos, alors nous prenons le train … avec nos vélos!

2 Oh, moi, j'adore découvrir toute une variété de pays différents, et ma femme aussi, d'ailleurs. Donc, tous les étés, en général, on fait un grand voyage. On aime beaucoup l'Europe du Nord, par exemple. Les pays scandinaves … On part pour environ trois semaines. C'est loin, mais on aime bien prendre la voiture parce que ça nous donne plus d'autonomie. Le reste du temps, on ne part pas beaucoup. On est travailleurs indépendants … je suis boulanger … alors l'été est la seule période où on peut vraiment partir.

3 Moi, j'habite à la campagne … j'aime la tranquillité, mais par contre, pour les vacances, j'adore visiter de grandes villes en Europe ou ailleurs, surtout des capitales. Je passe très rarement mes vacances en France, et je ne fréquente absolument pas le bord de mer. Tous ces gens sur la plage, oh, c'est atroce! Je sais que ce n'est pas très, très bon pour la planète, mais je voyage généralement en avion et … si possible, je fais six ou sept petits séjours chaque année. Des séjours de quatre ou cinq nuits.

4 Nos vacances? Eh bien … en général, nous partons deux ou trois semaines l'été, toujours en bord de mer. Nous allons au même camping depuis une douzaine d'années, pour retrouver les amis. Pendant les vacances de février, nous passons une semaine aux sports d'hiver, dans les Pyrénées, et puis … nous habitons à Paris et nous essayons aussi de

---

> passer un maximum de week-ends à la campagne. Nous avons une résidence secondaire et, souvent, nous partons le vendredi et nous rentrons le lundi. Nous allons partout en voiture. Ça, c'est vraiment impératif!

2b Using their notes from activity 2a and the article *Les Français et les vacances*, students work out which person is most typical of the French in terms of holiday habits and who is least typical.

Answers:
Personne la plus typique: 4
Personne la moins typique: 3

2c In groups, students justify their answers to activity 2b orally, using their notes from the listening activity. Encourage them to improvise and to focus on communication and fluency instead of being too concerned with accuracy of language.

3 Students write a profile of a typical holidaymaker and recommend appropriate types of holiday for him/her.

Destination: vacances!

pages 112–113

Planner

Grammar focus

♦ The passive
♦ The past historic

Key language

♦ *un (club/village) de vacances, une croisière, une destination (balnéaire/ensoleillée), un village de neige*
♦ *créer, implanter, inaugurer, installer*
♦ *le lancement, l'ouverture (f)*
♦ *le surf, la plongée sous-marine, la varappe*
♦ *le transat (le transatlantique)*
♦ *bronzer idiot, éviter le moindre stress, faire la grasse matinée, faire la fête*
♦ *un(e) explorateur(trice), un(e) fêtard(e), un pacha, un(e) passionné(e), un(e) vacancier(ère)*

Resources

♦ Students' Book pages 112–113
♦ CD 3 track 3
♦ Grammar Workbook page 66
♦ Copymasters 35 and 39

---

1 With a partner, students discuss their ideal holiday and the kind of holiday they would find least attractive.

2a The four texts describe different types of holidaymaker. Students begin by translating five words/phrases into French using the language in the texts.

Answers:
a *les transats*
b *éviter*
c *la varappe*
d *la plongée sous-marine*
e *faire la grasse matinée*

2b Students choose a caption to represent each text. At this stage, they are still focusing on gist rather than detail.

Answers:
1 *C* **2** *B* **3** *D* **4** *A*

2c Students read the texts in more detail and work out what type of holidaymaker they themselves and some of their friends are. They discuss this in groups.

Before they begin, brainstorm different ways of starting sentences; model structures are provided.

2d Students write a paragraph explaining the type of holidaymaker they consider themselves to be. They are encouraged to justify their opinion by describing their holiday preferences and referring to some of their holiday experiences from the past. This provides an opportunity to use a range of tenses, e.g. present, perfect and imperfect.

3 Students read the article about Club Med and list items a–f in the order in which they are mentioned in the text.

Answers:
d, c, a, f, b, e

C 35 See also Copymaster 35 for another activity based on the Club Med text.

Grammar 1

The past historic

Students learn how to recognise the past historic.

A Students translate the sentences into English.

Answers:
1 *The Club Med organisation set up its first holiday resort in the Canary Islands.*
2 *The first winter resort was opened in 1957.*
3 *Club Med One was launched in 1990.*

B Students write out the past historic verbs in the sentences.

Answers:

1 *put.*

2 *lut.*

3 *burent.*

Grammar 2

The passive

This section explains the passive voice and how to form it.

Note that at AS level, productive use of the passive is limited to the present tense; receptive knowledge only is required for other tenses in the passive.

A Students search the Club Med text for examples of the passive and translate them into English. All these examples are in the perfect tense.

Answers:

le Club Med a été fondé – Club Med was founded
le premier village de neige a été inauguré – the first winter sports village was opened
le 'collier-bar' a été créé – the 'bar beads' necklace was created
le collier a été remplacé en 1974 par ... – the necklace was replaced in 1974 by ...
le premier village américain a été implanté dans la campagne du Colorado – the first American village was set up in the Colorado countryside
l'année 1990 a été marquée par ... – the year 1990 was marked by ...

B This activity focuses on use of the passive in a range of tenses. Students translate the sentences into English.

Answers:

1 *A new club will perhaps be established in France in a few years' time.*

2 *The 'bar beads' necklaces were replaced by tokens/tickets.*

3 *A very large choice of destinations is offered.*

4 *The coming years will be marked by greater emphasis on luxury.*

5 *I would like to be invited to go to Club Med.*

C 39   See Copymaster 39 for further practice of the passive.

4 Students listen to an interview with someone who works in the tourist industry. They answer questions in English.

CD 3 track 3   **p. 113, activité 4**

– Tout d'abord, Monsieur Beauvallet, merci de nous accorder cette interview. Je sais que vous êtes très occupé.

– Surtout en cette saison!

– Parlons un peu des jeunes, pour commencer. Dans des pays comme la Grande-Bretagne, les jeunes aiment beaucoup les clubs de vacances, euh ... dans des destinations ensoleillées ... C'est la même chose en France?

– En réalité, en France, quand les jeunes partent sans leur famille, entre copains, ils ont plus tendance à faire du camping.

– Et ... où partent-ils?

– Ils aiment les destinations pas trop lointaines comme l'Espagne et l'Italie, mais beaucoup restent également en France car notre pays offre un choix considérable en matière de vacances.

– Sans parler du climat.

– Oui, effectivement.

– Parmi la multitude de tour operators, le Club Med est un peu une institution en France. Il s'adresse à quelle sorte de clientèle?

– Alors, le Club Med ne fait pas partie de la catégorie bon marché, mais les gens sont généralement satisfaits du rapport qualité-prix.

– A quoi le Club Med doit-il son succès?

– Pour commencer, je crois que les clients apprécient tout particulièrement le système de forfait.

– C'est-à-dire ...?

– Le système de forfait, c'est-à-dire que quand on choisit un séjour, de nombreux services sont automatiquement compris dans le prix: l'hébergement ... les repas ... les activités de loisir ...

– Ce n'est pas un peu rigide, tout ça?

– Non, parce que ... au niveau de l'hébergement, par exemple, vous avez le choix entre différents niveaux de confort: chambres standard ... chambres de luxe ...

– Et ... à quelle catégorie d'âge s'adresse le Club Med?

– Eh bien ... je dirais à tous les âges. Par exemple, aussi bien pour les enfants que pour les adolescents, il y a des activités encadrées: sport ... danse ... préparation de spectacles ...c'est très varié. Un autre exemple: il y a ce que le Club Med appelle les 'villages adultes', particulièrement appréciés des personnes qui partent en solo ou avec une bande de copains.

– Passer ses vacances au Club Med, ça ne fait pas un peu 'prison dorée'?

– Oh, vous savez, en général les amateurs du Club Med n'aiment pas bronzer idiots, et ils ajoutent fréquemment des excursions à leur forfait. Au Sénégal, par exemple, le Club offer actuellement un choix de huit excursions

differentes, dont une sur l'île de Gorée, qui
était un point de départ des bateaux d'esclaves
en route pour l'Amérique.

L'écotourisme

pages 114–115

Planner

Grammar focus

♦ Starting a sentence with an infinitive

Skills focus

♦ Improving your listening skills

Key language

♦ *l'écotourisme (m), le tourisme équitable,
le tourisme solidaire*
♦ *respecter (l'environnement/les populations
locales), faire de grandes randonnées en
montagne, (limiter/trier) ses déchets, manger
de préférence des produits locaux, se
concentrer sur la découverte des paysages,
économiser l'eau et l'énergie, acheter de
préférence des souvenirs produits localement,
passer plus de temps dans un seul endroit,
passer ses vacances dans des zones rurales*
♦ *... (aide à/permet de)* + infinitive
♦ *... est* + adjective + *pour/quand/si ...*
♦ *... est (un bon moyen/une excellente façon) de*
+ infinitive
♦ *... est une méthode idéale pour* + infinitive
♦ *contribuer à l'agriculture locale, faire survivre
(les activités artisanales traditionnelles/des
villages parfois dépeuplés), réduire la
pollution liée aux transports, limiter son
impact sur l'environnement, se rapprocher de
la nature sans la polluer*

Resources

♦ Students' Book pages 114–115
♦ CD 3 tracks 4–5
♦ Grammar Workbook page 70
♦ Copymaster 36

1 In pairs, students discuss ways in which tourism
can have a negative impact on the environment.
The photos provide some ideas. If appropriate,
supply key phrases, e.g. *la pollution causée par les
avions/le bruit/les voitures, les déchets sur les
plages et dans la mer, les hôtels qu'on construit au*

*bord de la mer/très proche de la plage, les feux de
forêt causés par les vacanciers/les touristes.*

 2 Students listen to a report about environmental
damage to Mont Blanc. They decide whether
statements a–h are true or false and correct the false
statements. If appropriate, look at the *Compétences*
section on listening techniques before playing the
recording.

C 36 Copymaster 36 is intended to accompany this
listening activity.

Answers:
a *Faux (le Mont Blanc n'est pas protégé par
l'Unesco)*
b *Vrai*
c *Vrai*
d *Faux (la surfréquentation est surtout en été)*
e *Faux (l'été, 300 à 400 visiteurs par jour tentent
d'escalader le Mont Blanc)*
f *Faux (les visiteurs ne sont pas sensibles à la
préservation de l'habitat)*
g *Faux (le nombre d'opérations de sauvetage se
multiplie)*
h *Vrai*

CD 3 track 4   **p. 114, activité 2**

Situé au cœur de l'Europe, le massif du Mont
Blanc est le seul grand massif planétaire à ne pas
bénéficier de la protection de l'Unesco. Le Mont
Blanc, avec l'élégance de son granite, est le point
le plus élevé du massif alpin. Culminant à plus de
4 800 mètres, de ses hautes pointes neigeuses à
ses glaciers qui rejoignent ses vallées tempérées,
il est un refuge pour une faune et une flore d'une
variété impressionnante.

Hélas, le Mont Blanc est en danger. Devenu un
objet de consommation pour les amateurs
d'émotions fortes qui cherchent à atteindre son
sommet à tout prix, il souffre maintenant de
surfréquentation, en particulier pendant la saison
estivale, où il n'est pas rare d'enregistrer trois à
quatre cents départs quotidiens.

On pourrait penser que les amateurs de haute
montagne montreraient un sens des
responsabilités supérieur à la moyenne, mais ce
n'est pas le cas. On le voit quand on découvre la
multitude de déchets abandonnés par des
visiteurs peu scrupuleux.

Ce n'est pas seulement la montagne que les
'mauvais' visiteurs mettent en danger. On
constate par exemple la multiplication des
opérations de secours et des accidents mortels
dûs à l'inexpérience et l'irresponsabilité de
certains visiteurs. A ceci, il faut ajouter qu'en
haute saison certains visiteurs sont obligés de

coucher dehors à cause des refuges de montagne surpeuplés. Ils mettent donc leur propre vie en danger.

Compétences

Improving your listening skills

This section provides tips to help students develop listening techniques. Students are encouraged to go back to some of the recordings from earlier units in order to put the advice into practice.

3a Students read a two-sentence definition of ecotourism. They then conceal the final word and read the sentence again, trying to remember the hidden word. They repeat this, concealing more and more words from the end of the sentence each time. The aim is to be able to reproduce the whole definition from memory.

 3b Students listen to a paraphrased version of the ecotourism definition. They note it down then compare with a partner: encourage students to speak in French for this.

Instead of pausing the recording during the definition, play it as many times as is necessary for students to be able to note it down in its entirety.

CD 3 track 5	**p. 115, activité 3b**

L'écotourisme est un type de tourisme respectueux de l'environnement et de ses habitants, et qui contribue à leur économie. On l'appelle également le tourisme équitable.

4a Students match sentence halves to build up some key information about ecotourism.

Answers:
1 *g* **2** *e* **3** *b* **4** *a* **5** *h* **6** *c* **7** *d* **8** *f*

4b Students do activity 4a again, this time orally and in pairs. Student A reads out the sentence beginnings 1–8; B completes the sentences from memory, without referring to the Students' Book. The pair exchange roles.

Grammaire

Starting a sentence with an infinitive

This section points out that starting a sentence with an infinitive is a useful way to vary sentence structure.

A Students translate sentences 1–8 from activity 4a into English. They are asked to consider which structure is used in English instead of the infinitive (the present participle).

Answers:
1 *Going for long walks in the mountains allows you to get close to nature without causing pollution.*
2 *Limiting and sorting your rubbish while away on holiday is a good way of reducing your impact on the environment.*
3 *Choosing to eat local produce allows you to help local agriculture.*
4 *Focusing on exploration of the countryside allows you to become more aware of the preciousness and fragility of nature.*
5 *Saving water and energy is just as important on holiday as during the rest of the year.*
6 *Choosing to buy locally produced souvenirs can help traditional crafts to survive.*
7 *Spending more time in the same place allows you to reduce pollution caused by transport.*
8 *Spending one's holidays in rural areas helps depopulated villages to survive.*

B Students find examples of sentences beginning with an infinitive in texts A–D on page 100, and translate them into English.

Answers:
Bronzer idiot ne les dérange pas. – Getting a suntan doesn't concern them
Faire la grasse matinée n'est pas une de leurs activités favorites – Staying in bed until late in the mornings isn't one of their favourite activities
Les sortir du lit avant 2 h de l'après-midi est difficile – Getting them out of bed before two o'clock in the afternoon is difficult
Rester immobiles pendant plus de cinq minutes est pour eux un effort quasi-impossible – Staying still for more than five minutes is almost impossible for them
Loin de privilégier les villages de vacances du style 'prison dorée' – Far from preferring 'golden prison' holiday villages

C Students write sentences starting with infinitives. They are asked to come up with a set of 'ironic' sentences aimed at heightening awareness of eco-friendly behaviour while on holiday, e.g. *En vacances, acheter des boissons en bouteilles en plastique est une excellente façon d'augmenter les besoins en recyclage.* Some key phrases are provided as prompts.

Vacances et transports

pages 116–117

Planner

Skills focus

- Convincing someone of your point of view

Key language

- Phrases used to convince someone:
  - *Ecoute-moi .../Ecoutez-moi ...*
  - *Je t'assure que .../Je vous assure que ...*
  - *Mais je t'assure!/Mais je vous assure!*
  - *Quand tu y réfléchis, tu vois bien que .../*
  - *Quand vous y réfléchissez, vous voyez bien que ...*
  - *Mais enfin, tu dois bien comprendre que .../ Mais enfin, vous devez bien comprendre que ...*
  - *Tu ne vois pas que ...?/Vous ne voyez pas que...?*
- *un(e) automobiliste, la circulation automobile, le covoiturage, un embouteillage/un bouchon, la paralysie des centres-villes, la pollution atmosphérique, un week-end rouge sur les routes, une zone piétonne*
- *le bus, le cyclopolitain (une sorte de vélo-taxi), le pousse-pousse, le TGV, le train, le tramway, la voiture*
- *autonome, efficace, rapide, cher, moderne, silencieux*
- *ça pollue moins, ça permet de réduire les embouteillages, ça arrive à l'heure*

Resources

- Students' Book pages 116–117
- CD 3 track 6
- Copymasters 37 and 38

---

1 Students explain (either orally or in writing) what they understand by French expressions a–h.

If appropriate, provide some key phrases as prompts, e.g. *A mon avis, ça veut dire (que) ...*; *Je pense que c'est quand ...*; *Je crois que c'est ...*; *Ça ne serait pas ...?*

Answers:

a *road traffic, car traffic*
b *a car driver*
c *a traffic jam*
d *a peak weekend for road traffic*
e *gridlock in the town centres*
f *car sharing*
g *air pollution*
h *a pedestrian zone*

2 Students study the list of themes and work out which ones are addressed in the text *Sur la route des vacances.*

Answers:

a, b, d, e

C 37 Copymaster 37 is based on the text of *Sur la route des vacances.*

3 Students search on the Internet to find the meaning of two phrases from the text *Sur la route des vacances.*

Answers:

Bison futé – an organisation giving details of road conditions, traffic congestion, etc. throughout France
le permis probatoire – provisional driving licence with a penalty points system

 4a Play the recording without pausing: two people discuss travelling by car and the alternatives. Students note down the different means of transport mentioned.

Answers:

la voiture, le train, le TGV, le tramway, le bus, le pousse-pousse, le cyclopolitain (une sorte de vélo-taxi)

CD 3 track 6	**p. 117, activités 4a et 4b**

- Vous partez en vacances à Marseille et vous ne prenez pas la voiture?
- Il y a d'autres solutions, tu sais. Toi aussi, tu devrais essayer le train.
- Le train? C'est pas très autonome, comme transport! On est à la merci des horaires.
- C'est rapide, c'est efficace, c'est pas trop cher et ça pollue moins!
- Ouais mais … la voiture, ça fait un peu plus moderne, non?
- Ah tu crois ça! Et le TGV, tu connais?
- Bof, moi, je voyage jamais en train. Et puis … on peut pas aller n'importe où en TGV!
- Tu sais, le réseau s'agrandit, hein? Tu n'as pas entendu parler de la ligne Paris–Marseille inaugurée en 2007? Et de la ligne Paris–Limousin presque aussitôt après? Rien qu'en 2007, il y avait déjà plus de 9 000 km de réseau TGV!

– Ouais mais, une fois arrivés à Marseille, qu'est-ce que vous allez faire?

– Et le tramway?

– Quoi, le tramway?

– Marseille a son tramway! Tout comme Bordeaux … Caen … Grenoble … Orléans … Au moins une quinzaine de villes ont déjà redécouvert le tramway.

– Moi, je trouve ça bizarre comme décision!

– Ecoute, ça pollue moins que la voiture … ça permet de réduire les embouteillages … à l'inverse des bus, ça arrive à l'heure … Ça ne te suffit pas?

– Et le retour au pousse-pousse, comme en Chine, c'est pour quand?

– Mais … c'est déjà fait!

– Tu rigoles!

– Je sais qu'il y en a à Nantes … à Strasbourg … à Lyon … Enfin, ils appellent plutôt ça le cyclopolitain.

– Le quoi?

– Le cyclopolitain. C'est une sorte de vélo-taxi avec un petit moteur électrique. Et c'est incroyablement silencieux.

– C'est pour les touristes?

– Pas particulièrement, c'est pour tout le monde. Et apparemment, les personnes âgées aiment beaucoup ça.

4b Students listen again and note down answers to questions in French.

Answers:

a *en train*

b *ce n'est pas très autonome*

c *c'est rapide, efficace, pas trop cher, ça pollue moins*

d *elle explique que le réseau s'agrandit, par exemple la ligne Paris–Marseille, inaugurée en 2007*

e *9 000 km*

f *à Marseille*

g *en tramway*

h *ça pollue moins que la voiture, ça permet de réduire les embouteillages, ça arrive à l'heure*

i *une sorte de vélo-taxi*

j *les personnes âgées*

Compétences

Convincing someone of your point of view

This skills section provides tips on how to speak persuasively when putting across a point of view, e.g. by combining the imperative with the conditional. Some additional key phrases are provided.

Students should work on this skills section before they attempt activity 5.

A Students write a dialogue between two people who disagree: person A wants to travel on holiday by car, whereas person B wants to take the train. They use their notes from activity 4b together with the key expressions provided. This activity helps students to prepare for activity 5.

---

5 Students perform a role-play in pairs. They imagine they are going on holiday together, but one of them wants to travel by car and the other prefers to go by train. Each tries to persuade the other to come around to their way of thinking.

To help students develop fluency and spontaneity, allow them to attempt this several times, working with different people.

C 38 Copymaster 38 provides additional activities based on the themes of this spread.

Grammaire active

page 118

<table>
<tr><td>

Planner

Grammar focus

♦ The passive

♦ The imperative

Resources

♦ Students' Book page 118

♦ CD 3 track 7

</td></tr>
</table>

The passive

This section begins by reminding students that use of the passive can help to bring variety to their speaking and writing.

1 Students rewrite sentences in the passive. To build fluency, encourage them to practise doing this orally before doing it as a written exercise.

Answers:

a *Chaque année, la ville d'Orléans est fréquentée par des milliers de touristes étrangers.*

b *Orléans est traversée par la Loire, le plus long fleuve de France.*

c *Le week-end, les rives de la Loire sont fréquentées par de nombreux pêcheurs.*

d *Des ballades pour tous les goûts sont organisées par des organismes locaux.*

e *Les ballades nocturnes sont appréciées particulièrement par les touristes.*

f *Le centre-ville et la banlieue sont parcourus par une ligne de tramway.*

g *La ville et ses environs sont bien connus pour la culture des roses.*

h *Tous les ans, le fabuleux parc floral est visité par de nombreux amateurs.*

i *Le 8 mai, Jeanne d'Arc est célébrée par un grand défilé.*

j *Ce jour-là, la cathédrale est animée par un spectacle son et lumière.*

2 Students identify which tense is used in passive sentences a–h.

Answers:
imparfait: d
passé composé: a, e
présent: g
futur proche: b
futur: c, f, h

The imperative

This section provides further practice of the imperative, including negatives, reflexive verbs and the imperative of *être*.

3a This recording features some advice aimed at drivers who are setting off on long journeys. Students listen and repeat the advice, changing each *vous* imperative into the *nous* form.

Answers:
1 *Faisons*
2 *N'oublions pas*
3 *Partons*
4 *Faisons*
5 *Servons-nous*
6 *Buvons*
7 *Soyons*
8 *Evitons*
9 *Concentrons-nous*
10 *Suivons*

CD 3 track 7   **p. 118, activités 3a et 3b**

Départs en vacances: conseils aux conducteurs:
1 Faites réviser la voiture avant de partir.
2 N'oubliez pas d'attacher les ceintures de sécurité.
3 Partez de bonne heure les jours de grande chaleur.
4 Faites une pause au moins toutes les deux heures.
5 Servez-vous des aires d'autoroute pour un peu de détente.

---

6 Buvez suffisamment d'eau pour éviter la déshydratation.
7 Soyez particulièrement prudents quand il pleut.
8 Evitez les gros repas pendant les longs trajets.
9 Concentrez-vous uniquement sur la route.
10 Suivez les conseils de Bison futé.

3b Students listen again and change the imperatives into the *tu* form.

Answers:
1 *Fais*
2 *N'oublie pas*
3 *Pars*
4 *Fais*
5 *Sers-toi*
6 *Bois*
7 *Sois*
8 *Evite*
9 *Concentre-toi*
10 *Suis*

Au choix

page 119

Planner

Resources
♦ Students' Book page 119
♦ CD 3 track 8

---

1 Students read the text *L'écotourisme en Guadeloupe* and match the words and phrases a–j to their corresponding synonyms in the text.

Answers:
a *parfois*
b *bien sûr*
c *complexes*
d *à une distance suffisante*
e *il faut comprendre*
f *(ne) ... que*
g *fragiliser*
h *modes*
i *faire face à*
j *au lieu de*

2 Students write approximately 200 words expressing their opinion of cheap Mediterranean holiday destinations popular with young British people. They are advised to use ideas and language from pages 112–115, including some sentences beginning with an infinitive.

 3 Students listen to an interview about 'holiday vouchers' and note down at least ten details in English about them.

S

Answers:
Accept any ten details, e.g.
- *holiday vouchers have existed since 1982*
- *the vouchers provide financial assistance enabling less wealthy sections of the population to go on holiday ...*
- *... or to have access to leisure opportunities*
- *the amount of financial assistance is relative to the family's financial situation, so some families receive more vouchers than others*
- *the vouchers can be used to cover the cost of staying in holiday villages, hotels, on campsites or in youth hostels*
- *the vouchers aren't accepted everywhere – a list is published each year showing where you can use them*
- *some sports centres accept the vouchers*
- *in 2005, seven million people went on holiday thanks to the vouchers*
- *it's expensive to finance the vouchers ...*
- *... but it's worth it because it helps to stop sections of the population from becoming isolated, e.g. young people in depressed inner-city areas, the unemployed, disabled people*

CD 3 track 8   **p. 119, activité 3**

– Madame Arnaud, les chèques-vacances existent maintenant depuis 1982, mais rafraîchissez notre mémoire. A quoi servent les chèques-vacances?
– Eh bien ... c'est très simple. Les chèques-vacances permettent à une plus grande partie de la population d'avoir accès aux vacances et aux loisirs.
– Donc c'est une aide financière qui permet aux sections de la population les plus pauvres de partir en vacances.
– Oui, ou ... d'avoir accès à des activités de loisir.
– Et ... comment ça marche exactement?
– Bon, déjà, l'aide est relative à la situation financière des ...
– Des familles bénéficiaires ...
– Tout à fait, et ... certaines familles reçoivent donc plus de chèques-vacances que d'autres.
– Et comment utilise-t-on les chèques-vacances?
– Alors, chaque chèque a une valeur bien précise, et on peut les utiliser, par exemple, pour des séjours en villages de vacances, ou bien pour des vacances en hôtel, en camping ou en auberge de jeunesse.

– On peut les utiliser dans n'importe quel établissement?
– Non, chaque année, nous publions la liste des établissements qui acceptent les chèques-vacances.
– Et au niveau des activités de loisirs hors vacances?
– Eh bien ... il existe un certain nombre de centres sportifs, par exemple, où l'on peut utiliser les chèques-vacances.
– Et combien de personnes en France bénéficient des chèques-vacances?
– En 2005, sept millions de personnes ont pu partir en vacances grâce aux chèques-vacances.
– Ça doit coûter cher!
– Dans un sens, peut-être, mais d'un autre côté, cela permet par exemple de limiter l'exclusion de certains secteurs de la population. Vous avez de nombreux jeunes habitants des quartiers urbains défavorisés qui en bénéficient, et puis ... des personnes sans emploi ... des personnes handicapées ... Cela leur permet de ne pas se retrouver isolées.

---

4 Students work in pairs. They imagine they are planning a holiday together, but one partner prefers a Club Med holiday whereas the other wants to go hiking in the mountains. Each tries to persuade the other of the merits of their preferred holiday.

Encourage them to draw on ideas and language from pages 112–115 and from the *Compétences* section on speaking persuasively (page 117).

Révisions Unités 7–8

pages 120–121

Planner

Resources
- Students' Book pages 120–121
- CD 3 tracks 21–22

1a Students read the article about an agreement between Paris Saint-Germain football club and the *Département* of Yvelines. They work out which two institutions are involved in the agreement. (2 marks)

Answers:
le club du football professionnel Paris Saint-Germain, le Département des Yvelines

1b Students complete sentences to summarise the text, explaining five opportunities available to young residents of Yvelines thanks to the agreement. (5 marks)

Answers:

a *un match du championnat de France*

b *ramasseur de balles*

c *poste 'emplois-jeunes'*

d *des problèmes de violence dans le sport*

e *un stage de foot pendant les vacances scolaires d'été*

 2 Students listen to a report about French holiday preferences. They copy out and complete the table with the missing information. (12 marks, as shown below)

Answers:

1 *1936 – 2 semaines; 1956 – 3 semaines; 1963 – 4 semaines; 1981 – 5 semaines* (5)

2 *75%* (1)

3 *90%* (1)

4 *l'augmentation du niveau de vie, la baisse du prix des billets d'avion* (2)

5 *36 millions* (1)

6 *20 millions* (1)

7 *les vacances sportives* (1)

CD 3 track 21 p. 120, activité 2

Depuis l'instauration des congés payés en 1936, le temps de travail en France a continué à baisser. En 1936, les Français avaient deux semaines de vacances. Ce chiffre est monté à trois semaines en 1956, quatre en 1963 et cinq en 1981.

Dans une année typique, près de trois quarts des Français voyagent au moins une fois en France ou à l'étranger. Comparés à leurs voisins européens, les Français voyagent relativement peu à l'étranger. Environ neuf sur dix des vacanciers français restent dans l'hexagone. Beaucoup d'entre eux vont chez des amis ou dans une la famille ou profitent de leur maison secondaire.

Quant à ceux qui partent à l'étranger, parmi les pays les plus visités sont l'Espagne, l'Italie, le Royaume-Uni, le Maroc, l'Allemagne, l'Autriche et la Tunisie. Les vacances à l'étranger sont facilitées par l'augmentation du niveau de vie et la baisse du prix des billets d'avion.

Les vacances d'hiver sont très populaires. 36 millions de Français partent pendant les grandes vacances, encore 20 millions prennent des vacances d'hiver. Mais que ce soit juillet ou janvier, un bon nombre d'entre eux préfèrent les vacances sportives, les activités les plus favorisées étant le ski, la marche à pied, la voile et le cyclisme.

---

3 Students look at the picture and prepare responses to questions about it. They should mention: what is happening in the picture; why organised holidays are so popular; the disadvantages of this type of holiday; the type of holiday they themselves prefer, and why; the advantages and disadvantages of tourism for an area. (4 marks for each item = 20 marks)

4 Students write a prospectus for a sports centre.

 5 Students listen to a teenage girl talking about her favourite sport. They complete sentences a–h. (8 marks)

Answers:

a *le kickboxing*

b *réagir en cas d'attaque*

c *des filles*

d *discipline*

e *une paire de gants*

f *dangereux*

g *contre les coups*

h *18 à 20 heures*

CD 3 track 22 p. 121, activité 5

Mon sport à moi, c'est le kickboxing. Ce n'est pas exactement un art martial, mais plus un sport de défense qui permet d'apprendre différents moyens de réagir en cas d'attaque. Je pense que c'est un sport que beaucoup de gens – et surtout de filles – devraient pratiquer. Cela développe de bons réflexes et on apprend une certaine discipline.

En plus, il faut très peu d'équipement: on s'entraîne pieds nus, en short et en t-shirt, et la seule chose
qu'il faut acheter, c'est une paire de gants. On s'entraîne seul ou à deux et, contrairement à ce que les gens pensent, ce n'est pas un sport dangereux. On utilise des protections contre les coups et, l'essentiel du temps, on répète seulement des mouvements avec des coups de poings et des coups de pieds. Moi, je m'entraîne dans un club deux fois par semaine, de 18 à 20 heures.

De fait, depuis que je fais du kickboxing, je me sens plus forte et je contrôle mieux certaines situations difficiles.

6a Students read accounts by four different people of the effects of tourism on an area. They match each statement a–h to one of the four people. (8 marks)

Answers:

Céline Bonnet: c, e

Jean-Marc Santini: f, h

Didier Roy: a, g
Marie Levallet: b, d

6b Students list arguments for and against tourism.
They aim to find six arguments for and six against.
(12 marks)

6c In groups, students imagine they are inhabitants
of a small seaside town debating the issue *Les
touristes – sont-ils un avantage ou un problème?*
Various roles are suggested: an ice-cream merchant
or souvenir seller, the chief of police, a
restaurant/hotel owner, parents of a large family, a
student, a street cleaner.

Unité 9   Le lycée, et après?

Unit objectives

By the end of this unit students will be able to:

♦ Compare the French and British education systems
♦ Describe their own education
♦ Discuss the challenges facing first-time jobseekers
♦ Discuss whether school should do more to prepare young people for the world of work
♦ Prepare a job application letter

Grammar

By the end of this unit students will be able to:

♦ Recognise verbs in the subjunctive
♦ Identify the main uses of the subjunctive
♦ Understand the use of the subjunctive vs the indicative
♦ Recognise verbs in the future perfect tense

Skills

By the end of this unit students will be able to:

♦ Write a formal letter

pages 122–123

 1 Students complete a quiz about the baccalaureate, then listen to the recording to check their answers. Ask them to note down any additional details.

Answers:

1 *Vrai*
2 *Faux (le taux de réussite est d'environ 80% ou 82%)*
3 *Vrai*
4 *Vrai*

CD 3 track 9	p. 122, activité 1

1 – Alors, qui a créé le baccalauréat?
   – Le baccalauréat, que l'on appelle aussi le bac, est créé en France par l'empereur Napoléon Bonaparte en 1808. Il faut attendre 1861 pour que la première femme soit reçue au bac!

2 – Quel est le taux de réussite au bac en France?
   – Depuis l'an 2000, le taux de réussite au bac en France reste d'environ 80% ou 82%. Environ 90% d'entre des bacheliers continuent leurs études après le bac.

3 – Est-ce que tous les candidats au bac général doivent passer l'épreuve de philosophie?
   – Oui, c'est vrai. La philo au bac, c'est presqu'une institution en France. Après l'examen, on donne même les sujets de dissertation aux informations à la télé, à la radio et dans les journaux.

4 – En option au bac, peut-on vraiment prendre rugby, tai chi ou les chansons de Jimmy Hendrix?
   – Eh oui, c'est vrai! Beaucoup d'autres options sont également possibles, comme équitation, danse, théâtre, arts plastiques, arts du cirque, etc. Grâce à ces options, on peut avoir une moyenne de plus de 20/20.

---

2 Students look at a French school timetable and note any similarities and differences between it and their own timetable. Point out that some French schools have lessons on Saturday mornings.

3 Students look at the collage of magazines and work out which ones they would refer to for careers advice and information about different jobs.

Le parcours scolaire

pages 124–125

> **Planner**
>
> *Grammar focus*
> ♦ The subjunctive (1)
>
> *Key language*
> ♦ *à condition que, afin que, à moins que, avant que, bien que, de peur que, en attendant que, jusqu'à ce que, pour que, pourvu que, quoique, sans que*
> ♦ *j'aille, je puisse, je sois*
> ♦ *le (la) lycéen(ne)*
> ♦ *l'école (f) maternelle, l'école (f) primaire, le collège, le lycée, l'université (f), l'école (f) spécialisée, la grande école*
> ♦ *passer (un examen), être reçu(e) à un examen*
> ♦ *la seconde, la première, la terminale*
> ♦ *le Brevet des Collèges, le baccalauréat (le bac)*
> ♦ *les arts (m) plastiques, l'éducation (f) familiale et sociale, l'EPS (f), le français, l'histoire-géographie-éducation civique (f), les langues (f) vivantes étrangères, les mathématiques (f), la musique, la physique-chimie, la philosophie, les sciences (f) physiques, les sciences (f) de la vie et de la terre*
>
> *Resources*
> ♦ Students' Book pages 124–125
> ♦ CD 3 track 10
> ♦ Grammar Workbook page 82

1 Students look at the information on this spread and on pages 122–123 about aspects of the French education system. They note all the differences and similarities between the education systems of France and Britain.

2 Students carry out further research on the baccalaureate. They decide whether they prefer A levels or the baccalaureate, and discuss their reasons in pairs. They present their arguments to the class.

3a Students read paragraphs a–h about Léa's schooldays, from primary school through to her final year at school and plans for the future. They sort the paragraphs into chronological order.

Answers:
1 *a* **2** *h* **3** *e* **4** *g* **5** *f* **6** *c* **7** *b* **8** *d*

 3b Students listen to an interview with Léa to check their answers to activity 3a.

CD 3 track 10 p. 125, activité 3b

– Où et quand as-tu commencé ta scolarité? A l'école primaire?
– J'ai commencé jeune! Avant d'aller en primaire, j'avais déjà passé trois ans à l'école maternelle! Mais j'ai tout oublié de ces années-là!
– Et donc après l'école maternelle?
– Je suis allée à l'école primaire de six à dix ans. Je n'en ai pas gardé de très bons souvenirs. En fait, je me suis toujours un peu ennuyée à l'école, jusqu'à ce que j'aille au collège en fait.
– Tu as donc quitté l'école primaire à quel âge?
– J'ai quitté l'école primaire pour entrer au collège à l'âge de onze ans. J'ai commencè l'anglais en sixième et l'allemand en quatrième. J'ai tout de suite adoré les langues!
– Tu es restée quatre ans dans le même collège?
– Oui. A la fin de la troisième, j'ai passé le Brevet des Collèges, auquel j'ai été reçue. Nous avons alors déménagé plus près de Nantes afin que je puisse aller dans un bon lycée.
– Tu es allée en seconde dans quel lycée?
– A 15 ans, j'ai quitté le collège pour entrer en seconde au lycée Jules Verne à Nantes. Il a fallu discuter avec mes parents et le conseiller d'orientation pour que je puisse faire une troisième langue vivante, le chinois! Mes parents pensaient que les maths et les sciences étaient plus utiles.
– Et donc tu as suivi quelle filière?
– L'année suivante, en première, mes parents m'ont dit de suivre la filière économique et sociale, bien que je ne sois pas très motivée par l'économie.
– Et cette année, tu continues dans la même filière?
– Cette année, je suis en terminale dans une section internationale (avec trois langues) et ça me plaît beaucoup. Je suis extrêmement motivée par mes études et je travaille dur. Pourvu que je sois reçue au bac!
– Quels sont tes projets pour le reste de tes études?
– L'année prochaine, je voudrais continuer mes études en Chine, à moins que j'aille à l'université de Nantes en attendant que je puisse aller à l'étranger, parce que mes parents me trouvent encore trop jeune pour partir. Mon ambition est de devenir interprète de conférence.
– Eh bien, merci, Léa. Bon courage et bonne chance!

3c Students answer questions on behalf of Léa, referring to paragraphs a–h. Encourage them to invent opinions based on the information supplied and to answer in their own words, rather than simply copying the wording of the text.

Grammaire

The subjunctive (1)

This section introduces students to the subjunctive, focusing on three subjunctive forms (*j'aille, je sois* and *je puisse*) and conjunctions that are followed by the subjunctive.

A Students search Léa's interview for the subjunctive forms *j'aille, je sois* and *je puisse*. They work out what the infinitives of these verbs are (*aller, être, pouvoir*).

Answers:

*jusqu'à ce que **j'aille** au collège*
*afin que **je puisse** aller dans un bon lycée*
*pour que **je puisse** faire une troisième langue vivante*
*bien que **je ne sois** pas très motivée par l'économie*
*pourvu que **je sois** reçue au bac*
*à moins que **j'aille** à l'université de Nantes en attendant que **je puisse** aller à l'étranger*

B Students find all the examples of *j'aille, je sois* and *je puisse* in Léa's text. They should notice that each use of the subjunctive follows a conjunction, e.g. *jusqu'à ce que, afin que*, etc.

Answers:
see activity A

C Students look at the list of conjunctions that are always followed by the subjunctive. They identify the ones that aren't used in Léa's text.

Answers:
avant que, de peur que, à condition que, sans que, quoique

D Students complete each sentence with an appropriate conjunction, then translate them into English.

Answers:

1 *quoique* (I still don't know Italian even though I go to Italy every year.)

2 *à moins que* (I can't go to university unless I pass the baccalaureate.)

3 *pourvu que* (Let's hope that I can go on a work experience placement abroad next year!)

4 *de peur que* (My parents are worried in case, for fear that I don't pass the exam.)

4 Students describe their own schooldays, responding to the four questions from activity 3c. Encourage them to use some of the conjunctions from the *Grammaire* section together with the three subjunctive forms *j'aille, je sois* and *je puisse*.

 Students interview a friend or family member about their education (either in English or in French). They note the good and bad points, and prepare a presentation in French about it to give to the class.

Années-lycée: la galère!

pages 126–127

Planner

Grammar focus

♦ The subjunctive (2)

Key language

♦ *Selon moi, ...*
♦ *il n'est pas sûr que, il est (essentiel/nécessaire/possible) que, il faut que, avoir peur que, c'est dommage que, bien aimer que, (vouloir/ne pas vouloir) que, je suggère que, il vaut mieux que*
♦ *redoubler*
♦ *(hyper) stressé(e), stressant(e)*

Resources

♦ Students' Book pages 126–127
♦ CD 3 tracks 11–13
♦ Grammar Workbook page 82

---

 1 Students read and listen to six young people's messages on an Internet forum relating to aspects of school that they find stressful. They look up any unfamiliar words in a dictionary, define them in French, then explain them to the rest of the class.

CD 3 track 11   **p. 126, activité 1**

1 En France, on focalise trop sur le bac! On nous fait travailler comme des fous, on nous répète qu'il est essentiel qu'on le réussisse et pourtant il n'est pas sûr que ça nous serve à grand-chose plus tard! En fait, moi, j'ai l'impression de préparer un bac option chômage! Ce n'est pas très motivant.
Agathe

2 Moi, je suis hyper stressée parce qu'il est possible que je doive redoubler ma première. Comme j'ai déjà redoublé la cinquième et la troisième, j'ai peur que ce soit dur de continuer mes études avec trois ans de retard. Je ne sais vraiment pas si redoubler encore une fois est la bonne solution pour moi.
Suzie

---

3 Mon prof dit qu'il faut que j'obtienne une moyenne générale de 12/20 en français, sinon problème. Je n'ai que 10/20. Je suis assez bon en français mais nul en orthographe. Ça m'enlève des points et ce n'est pas juste! Je suis complètement obsédé par mes notes. C'est l'angoisse totale quand le prof me rend un contrôle!
Clément

4 Moi, je suis au lycée de 8 h à 18 h, plus le mercredi et le samedi matin. Comme j'ai plein de devoirs, je travaille aussi le dimanche. Du coup, je n'ai plus le temps de me relaxer! J'aimerais bien que les programmes soient moins chargés et que les journées soient plus courtes, comme en Angleterre ou en Allemagne! Je pense que les lycéens là-bas doivent être moins stressés que nous.
Théo

5 Mes parents m'obligent à faire un bac alors que moi, je voudrais faire un apprentissage en cuisine. Je rêve de devenir chef mais ils ne veulent pas que je prenne cette filière-là. Pour eux, je devrais aller à l'université et avoir des diplômes. Ils ne sont pas d'accord pour me laisser faire un travail manuel. C'est dommage qu'ils soient comme ça. Ça me déprime complètement.
Nicolas

6 Moi, je suis hyper stressée à chaque contrôle. Quand je pense que je vais devoir passer des examens, je ne dors plus, je ne mange plus! J'ai un trac fou à chaque fois qu'il faut passer un oral. Mes profs disent qu'il est nécessaire que j'apprenne à me détendre ... C'est bien beau, mais comment?
Amélie

2 Students match the causes of stress a–f to the young people's comments in activity 1.

Answers:
1 *d* **2** *b* **3** *c* **4** *f* **5** *e* **6** *a*

3a Bearing in mind what they have learnt in this unit about the French education system, students consider which of the cause of stress listed in activity 2 are likely to apply more to France than to Britain.

Answers:
le redoublement, le système de moyenne générale, la dictature du bac, les horaires trop chargés

3b In pairs, students discuss the causes of stress listed in activity 2, explaining which ones they identify with in particular.

3c Students write a text for an Internet forum, explaining what they find particularly stressful about school.

Grammaire

The subjunctive (2)

This section lists some expressions that are followed by the subjunctive, explains how to form the present subjunctive of regular -er, -ir and -re verbs, and introduces the subjunctive of some common irregular verbs.

A Students match nine expressions that are followed by the subjunctive to the feelings they express.

Answers:
1 *a* **2** *f* **3** *d* **4** *b* **5** *e* **6** *e* **7** *b* **8** *b* **9** *c*

B Students search the forum messages on page 126 for the nine expressions listed in activity A.

4a Students fill in the missing subjunctive verbs in two texts on the theme of bullying at school. They choose from the phrases provided.

Answers:
see in bold in the activity 4b transcript

 4b Students listen to check their answers to activity 4a.

CD 3 track 12 **p. 127, activité 4b**

Je m'appelle Loanna. J'ai toujours été bonne élève et j'adorais le collège. Cette année, je suis en seconde au lycée. Dans ma classe, il y a une fille qui redouble et qui a des problèmes scolaires. Elle m'a demandé si je pouvais l'aider. Au début, je l'aidais un peu. Mais maintenant, cette fille veut que **je fasse** tous ses devoirs. Si je refuse, elle me menace. Elle exige que **je me mette** à côté d'elle pendant les contrôles. Elle m'attend à la fin des cours. Je fais ce qu'elle dit de peur qu'**elle devienne** violente. J'ai peur d'aller au lycée à cause d'elle, je n'ai plus de temps pour faire mon travail et mes résultats sont beaucoup moins bons. Mes parents et mes profs s'inquiètent mais j'ai trop peur de cette fille pour leur en parler. Que faire?

Je m'appelle Mehdi. Je suis d'origine marocaine. C'est plutôt un handicap au lycée où je suis! Il y a un groupe d'imbéciles qui ont décidé de me rendre la vie difficile. Ils m'insultent, ils m'humilient. Ils ne m'attaquent pas physiquement parce que je suis beaucoup plus fort qu'eux. Les profs ne font rien bien qu'**ils sachent** qu'il y a un problème. J'en ai finalement parlé à ma famille. Mes parents disent qu'il faut que **je sois** patient, qu'ils vont arrêter. Mes frères, eux, suggèrent que **je me batte**. Ils ont peut-être raison. Je ne veux pas devenir violent mais que faire d'autre puisque personne ne m'aide?

5 Students listen and make notes on Julien's experience of being bullied. They answer two questions on behalf of Julien and the two young people (Loanna and Mehdi) from activity 4.

Answers:
Julien:

a *Le racket. Il y a une bande de garçons qui prennent son argent de cantine. Maintenant, ils attaquent Julien pour qu'il leur donne plus d'argent.*

b *Julien a volé de l'argent à ses parents pour leur en donner. Il a peur de parler du problème parce que les garçons menacent d'attaquer sa petite sœur. Il ne va plus au lycée/en cours.*

Loanna:

a *Une fille dans sa classe redouble et elle veut que Loanna fasse tous ses devoirs et qu'elle l'aide pendant les contrôles. Si Loanna refuse, la fille la menace.*

b *Loanna a peur d'aller au lycée. Elle n'a plus de temps pour faire son propre travail et ses résultats sont beaucoup moins bons. Elle a peur de la fille donc elle ne veut pas parler du problème à ses parents ou à ses profs.*

Mehdi:

a *Le racisme. Mehdi est d'origine marocaine et il y a un groupe de lycéens qui l'insultent et l'humilient.*

b *Mehdi va devenir violent parce que personne ne l'aide donc il ne trouve pas d'autres solutions.*

CD 3 track 13	**p. 127, activité 5**

Je m'appelle Julien. Je suis en seconde dans un lycée de banlieue. Mon problème, c'est le racket. Au début de l'année, il y avait une bande de cinq ou six garçons de première qui me prenaient mon argent de cantine presque tous les jours. Maintenant, ça ne leur suffit plus. Récemment, ils m'ont attaqué pour que je leur donne plus d'argent. J'ai été obligé de voler de l'argent à mes parents pour leur en donner mais ils en veulent toujours plus. Ils m'ont dit de ne rien dire à personne sinon ils attaqueront ma petite sœur au collège. J'ai tellement peur que je ne vais plus au lycée. Je ne vais plus en cours. Je pars le matin et je me cache au parc ou au centre commercial. Je ne sais plus quoi faire.

---

6 Students write some advice for Loanna, Mehdi and Julien, using the phrases suggested and/or other phrases that are followed by the subjunctive. A model text is provided. Students then work in pairs or groups discussing the advice they have written.

7 Students write 150 words describing their experience of school, referring to how stressful they find it and whether they have ever been bullied.

Le monde du travail

pages 128–129

Planner

Grammar focus

♦ Subjunctive vs indicative

Key language

♦ *un contrat à durée (déterminée/indéterminée), la précarité (de l'emploi), la protection sociale, le (taux de) chômage*

♦ *un emploi, l'expérience (f) en entreprise, la filière, la formation en alternance, un métier, une période d'essai, une position permanente à plein temps, un stage*

♦ *les diplômés, les non-diplômés*

♦ *(bien) rémunéré, non-rénuméré*

♦ *faire des études, avoir des diplômes*

♦ *je (pense/crois/trouve) que + indicatif, je suis sûr(e) que + indicatif*

♦ *je ne (pense/crois/trouve) que + subjonctif, je ne suis pas sûr(e) que + subjonctif*

Resources

♦ Students' Book pages 128–129
♦ CD 3 track 14
♦ Grammar Workbook page 82
♦ Copymasters 40–42

---

1 Students read the text *Le premier emploi: mission impossible?*, noting down any words that inhibit their understanding. Of these words, they are allowed to look up only four in a dictionary. Which four do they choose? Why? They discuss their choices with a partner.

Before students begin this activity, remind them of reading strategies that help them to work out meaning without resorting to the dictionary, e.g. try to deduce meaning from context or from the structure of the word (does it belong to a recognisable word family?), look at other sentences or phrases containing the same word, focus on what part of speech it is, etc.

2 Students complete a Venn diagram, categorising vocabulary from the text as follows: A – words linked to studying, education and training; B – words linked to employment and 'the world of work'. Words that belong to both A and B are allocated to the overlap area between the two categories.

Possible answers:

A *scolarisés, (faire des) études, avoir des diplômes, les diplômés, les filières*

B *le premier emploi, le taux de chômage, les employeurs, en entreprise, rémunéré, la précarité (de l'emploi), le contrat à durée déterminée, une période d'essai, position permanente à plein temps, les métiers*

Both: *formations en alternance, stages, l'expérience*

3a Students read the text again and work out whether statements a–h are true or false. They quote from the text to justify their answers.

Answers:

a *Vrai. (Le taux de chômage des jeunes Français actifs (non-scolarisés) de 15 à 29 ans est un des plus élevés en Europe.)*

b *Vrai. (... plutôt l'insistance de la majorité des employeurs à exiger une expérience. Pas d'emploi sans expérience.)*

c *Faux. (Il existe des formations en alternance ... mais elles ne sont pas possibles pour tous et n'existent pas dans tous les domaines.)*

d *Vrai. (Bien qu'ils soient moins bien rémunérés et qu'ils bénéficient de moins de protection sociale que leurs aînés ...)*

e *Faux. (Trouver un emploi reste un parcours du combattant pour les plus jeunes, condamnés aux stages à répétition, souvent non-rémunérés, à l'intérim et à des périodes de précarité plus ou moins longues.)*

f *Vrai. (Avoir fait des études et avoir des diplômes ... reste quand même un facteur important dans l'obtention d'un emploi. Il est plus fréquent pour les diplômés que pour les non-diplômés qu'une période d'essai se transforme en position permanente à plein temps.)*

g *Vrai. (Les différentes filières n'ont pas toutes les mêmes débouchés et certaines suscitent plus l'intérêt des employeurs que d'autres.)*

h *Vrai. (Les besoins d'une société en constante évolution changent vite. Vers quels métiers se diriger? On comprend l'angoisse des jeunes à l'entrée de ce labyrinthe des formations offertes. Comment savoir lesquelles ouvriront la porte ...?)*

3b Students listen to an interview to check their answers to activity 3a. Play this long recording section by section so that students have time to note down any additional information they hear.

CD 3 track 14   **p. 128, activité 3b**

– Madame Martin, vous travaillez à l'ANPE, donc l'agence nationale pour l'emploi.
– Oui, c'est cela.
– Je fais une enquête sur les jeunes et l'emploi et j'aurais quelques questions à vous poser.
– Allez-y!
– Tout d'abord, le chômage des jeunes en France est-il un problème inquiétant?
– Oui, le taux de chômage des jeunes actifs (non-scolarisés) de 15 à 29 ans est un des plus élevés en Europe. Le taux de chômage pour l'ensemble de la population française est d'environ 8%. On parle d'un taux de chômage d'environ 20% chez les jeunes.
– Un des problèmes auxquels les jeunes doivent faire face c'est que les employeurs ne veulent pas employer des gens sans expérience.
– Tout à fait. La majorité des employeurs continuent à exiger une expérience et préfèrent une expérience d'au moins trois ans dans le domaine d'activité choisi plutôt que l'expérience acquise au cours de stages ou d'intérims.
– La formation en alternance permet-elle de résoudre le problème?
– Ce n'est pas tout à fait le cas. Les formations en alternance ne sont pas possibles pour tous et n'existent pas dans tous les domaines. Par exemple, si vous voulez faire des études longues (en économie par exemple), il n'est pas possible de faire une formation en entreprise en même temps.
– Les jeunes de moins de 25 ans sont-ils moins payés et moins protégés que les plus âgés?
– C'est vrai. Ils sont moins bien rémunérés et ils bénéficient de moins de protection sociale que leurs aînés. Pour recevoir le RMI, le revenu minimal d'insertion, payé aux jeunes chômeurs, il faut avoir 25 ans.
– Mais cela permet-il aux jeunes de moins de 25 ans de trouver un emploi plus facilement?
– Malheureusement non, trouver un emploi reste un parcours du combattant pour les plus jeunes, condamnés aux stages à répétition, souvent non-rémunérés, à l'intérim et à des périodes de précarité plus ou moins longues. Plus de 20% des jeunes actifs, contre 8,2% des 30 à 49 ans, ont un CDD (un contrat à durée déterminée) et non un CDI (contrat à durée indéterminée).
– Les jeunes non-diplômés ont-ils plus de difficulté à trouver un emploi permanent que les diplômés?
– Oui. Avoir fait des études et avoir des diplômes n'est pas la garantie qu'on ne connaîtra ni chômage ni précarité mais cela reste quand même un facteur important dans l'obtention d'un emploi. 20% des non-diplômés sont au chômage, contre moins de 4% des bac + 2, c'est-à-dire les jeunes qui ont le bac + deux années d'études. 63% des jeunes non-qualifiés

entament leur carrière par un emploi temporaire ou à temps partiel, contre 40% des diplômés bac + 4. Il est aussi plus fréquent pour les diplômés que pour les non-diplômés qu'une période d'essai se transforme en position permanente à plein temps.

– Est-ce que certains jeunes suivent des filières qui n'ouvrent pas sur des possibilités d'emploi?

– Effectivement, la longueur des études n'est pas le seul paramètre dans l'obtention d'un emploi, les différentes filières n'ont pas toutes les mêmes débouchés et certaines suscitent plus l'intérêt des employeurs que d'autres. Les besoins d'une société en constante évolution changent vite. Par exemple, on crée beaucoup plus de postes dans l'informatique maintenant qu'il y a dix ans et il y a de plus en plus de demande dans les métiers liés à Internet.

– Choisir la bonne filière et la bonne formation devient-il de plus en plus difficile?

– Oh oui! On comprend l'angoisse des jeunes à l'entrée de ce labyrinthe des formations offertes. Comment savoir lesquelles ouvriront la porte vers non seulement un emploi, mais un emploi stable, qui puisse assurer leur autonomie financière et une indépendance auxquelles tant de jeunes aspirent? Je n'ai pas la solution, mais mon conseil est de commencer le plus tôt possible à se renseigner sur ce qu'on veut faire. Mieux on est informé, mieux on peut choisir!

– Eh bien, je vous remercie, madame. C'était très intéressant.

4 This text debates the issue of whether school should prepare students better for the world of work. Students read the arguments and work out who thinks 'yes' and who thinks 'no'.

Answers:
Oui: Arnaud, Claire
Non: Clothilde, Mathieu

5a Students reread the text from activity 4 and note down the sentences that contain the French equivalents of English expressions a–d.

Answers:

a *Je pense que le système éducatif est ce qu'il doit être.*

b *Je crois que le rôle du lycée est de développer les qualités personnelles et les connaissances générales des élèves, pas de faire une formation professionnelle.*

c *Je suis sûre qu'on se spécialise déjà trop tôt et que c'est dangereux.*

d *Je trouve qu'on n'apprend pas assez de choses qui nous préparent à la vie active.*

5b Students search the text again for expressions a–d from activity 5a, but this time as negatives. They note down the sentences in which the expressions occur.

Answers:

a *Personnellement, je ne pense pas que ce soit une bonne chose d'adapter les programmes du lycée aux besoins des entreprises.*

b *Je ne crois pas que les matières comme l'histoire-géo soient inutiles, au contraire.*

c *Je ne suis pas sûr que ce soit une bonne idée de les remplacer par des matières plus 'pratiques'.*

d *Je ne trouve pas qu'on apprenne des choses très utiles au lycée.*

5c Students look back at their answers to activities 5a and 5b, focusing on what they notice about the verbs: the positive sentences from activity 5a are in the indicative, whereas the negative expressions from 5b are in the subjunctive. Students are referred to the *Grammaire* section for an explanation.

Grammaire

Subjunctive vs indicative

This section focuses on the 'mood' of verbs with reference to the indicative, the imperative, the conditional and the subjunctive. It explains the distinction between indicative and subjunctive: if there is doubt involved (as in the negative expressions in activity 5b), the subjunctive must be used; if there is no doubt (as in 5a), use the indicative.

A Students complete sentences using the infinitives provided. In each case, they must rewrite the infinitive in the correct form: either subjunctive or indicative.

Answers:
1 *sont*
2 *soit*
3 *peux*
4 *sont*
5 *ait*
6 *puisse*

B Students rewrite the sentences from activity A, saying the opposite.

Answers:
1 *Je ne pense pas que les études au lycée soient inutiles.*
2 *Je crois qu'il est essentiel d'avoir le bac.*
3 *Je ne suis pas sûr que je puisse faire un stage.*
4 *Je ne trouve pas que les profs soient sympa.*

5 *Je pense qu'il y a beaucoup de chômeurs ici.*

6 *Je suis sûr que je peux faire une formation en alternance.*

---

6 Students write a paragraph expressing their own opinion on whether school should do more to prepare students for the world of work. They are encouraged to use the expressions from the *Grammaire* section, taking care to use the indicative or the subjunctive as appropriate.

7 Working in pairs, students imagine a debate between a French teacher and the manager of a company, in which they discuss the role of schools in preparing students for the world of work.

Premières expériences

pages 130–131

Planner

Grammar focus

- The future perfect
- The perfect conditional

Skills focus

- Writing a formal letter

Key language

- *être (responsable/organisé/déterminé/mûr/actif/ entreprenant), être plein de qualités humaines, être hyper motivé, être prêt à (faire des expériences nouvelles/prendre des risques), avoir de l'initiative, avoir un bon contact avec les gens, parler bien une langue étrangère*
- Formal letter-writing phrases:
  - *Je souhaiterais effectuer un stage ...*
  - *Vous bénéficierez de ...*
  - *Je joins mon CV ...*
  - *Je me permets de solliciter un entretien ...*
  - *Dans l'espoir d'une réponse positive, je reste à votre disposition pour plus d'informations.*
  - *(Veuillez/Je vous prie d') agréer, (Monsieur/Madame), l'expression de mes salutations distinguées.*

Resources

- Students' Book pages 130–131
- CD 3 track 15
- Grammar Workbook page 78
- Copymaster 45

---

1 This text is styled as an Internet forum: Hugo posts a message seeking advice on how to gain work experience and receives a series of replies from other young people. Students match the English advice (a–e) to the messages.

Answers:

a *Charlotte*

b *Jonathan*

c *Sonya*

d *Yohann*

e *Clément*

2a Students list all the qualities mentioned in the forum messages.

Answers:

être plein de qualités humaines, avoir de l'initiative, être hyper motivé, être responsable, parler bien une langue étrangère, être entreprenant, être prêt à faire des expériences nouvelles, être prêt à prendre des risques, être organisé/déterminé, être mûr/actif, avoir un bon contact avec les gens

2b Students list their own qualities, giving evidence for each.

Follow-up activity:

Students discuss the forum messages and decide on the best advice for Hugo. They also consider what would be the best advice for themselves.

Answer:

Hugo voudrait se spécialiser dans la communication ou le tourisme et il parle anglais et allemand, donc la meilleure suggestion pour lui serait peut-être celle de Yohann.

Grammaire

The future perfect

This section explains the future perfect and how to form it.

A Students find examples of the future perfect in the text on page 130 and translate them into English.

Answers:

Hugo:

Mon problème: je n'aurai pas encore eu mes 18 ans à ce moment-là ... (My problem is that I still won't be 18 by then ...)

... parce que l'été prochain, je n'aurai même pas encore passé le bac et que je n'aurai jamais fait de petit boulot. (...because next summer, I won't even have sat the baccalaureate by then and I'll never have had a part-time job.)

Sonya:

Quand tu en auras trouvé une, ... (When you've found one, ...)

Jonathan:

Une fois que tu auras eu 18 ans, tu auras plus de choix. (Once you've turned 18, you'll have more choice.)

L'année prochaine, comme ils t'auront déjà rencontré, ils se souviendront de toi et te recontacteront peut-être. (Next year, as they'll have already met you, they'll remember you and will perhaps contact you again.)

Yohann:

Le fait que tu seras déjà allé travailler à l'étranger sera un avantage quand tu chercheras un emploi. (The fact that you'll already have worked abroad will be an advantage when you look for a job.)

Charlotte:

Une fois que tu auras passé le bac et que tu seras à l'université ou en formation, ... (Once you've sat the baccalaureate and are at university or in further education, ...)

Clément:

Quand tu auras obtenu ce brevet, tu pourras travailler pendant les vacances. (When you've passed this diploma, you'll be able to work during the holidays.)

Follow-up activity:

Students write a response to Hugo, explaining what he could do to gain experience if he came to Britain.

3 Students listen to advice on how to write a letter of application. They make notes then compare and discuss their notes with a partner.

Answers:

1 *vos coordonnées – en haut à gauche, votre nom, prénom, adresse, adresse électronique et numéro de téléphone*

2 *date, nom et adresse de l'employeur en haut à droite*

3 *il faut commencer par mettre la raison pour laquelle vous écrivez cette lettre, par exemple demande de stage*

4 *montrez que vous savez qui est l'employeur, ce qu'il fait et ce qu'il recherche*

5 *vos aptitudes, vos qualités, vos centres d'intérêt, vos passions, vos méthodes de travail, votre expérience, tout ce qui peut intéresser l'employeur; donnez quelques exemples courts et précis*

6 *pourquoi vous voulez le stage/job; les points communs entre ce que recherche l'employeur et ce que vous pouvez lui apporter*

7 *une phrase pour convaincre l'employeur de vos qualités en mettant en valeur votre expérience et votre motivation*

8 *vous finissez par une formule de politesse traditionnelle*

CD 3 track 15　　　　　　　　**p. 131, activité 3**

– Pourriez-vous nous donner quelques conseils concernant la rédaction d'une bonne lettre de motivation?

– Tout d'abord, la lettre de motivation doit compléter le CV et non pas répéter ce qu'il y a dedans.

– Comment doit-on structurer la lettre?

– La lettre doit contenir une entête, trois grandes parties et se terminer par une formule de politesse.

– Qu'est-ce qu'on met en entête?

– En entête, mettez vos coordonnées: en haut à gauche, votre nom, prénom, adresse, adresse électronique et numéro de téléphone. En haut à droite, la date, le nom et l'adresse de l'employeur. Tout d'abord, il faut commencer par mettre l'objet, c'est-à-dire la raison pour laquelle vous écrivez cette lettre (par exemple, demande de stage).

– Comment doit-on organiser les trois parties?

– Alors, je vous conseillerais trois paragraphes: le premier, c'est sur l'employeur. Montrez que vous savez qui est l'employeur, ce qu'il fait et ce qu'il recherche.
Le second, c'est sur vous, le candidat. Mentionnez vos aptitudes, vos qualités, vos centres d'intérêt, vos passions, vos méthodes de travail, votre expérience, tout ce qui peut intéresser l'employeur. Donnez quelques exemples courts et précis.
Le troisième, c'est la partie où vous allez dire pourquoi vous voulez le stage ou le job et où vous allez mentionner les points communs entre ce que recherche l'employeur et ce que vous pouvez lui apporter.

– Et pour finir?
Eh bien, ajoutez une phrase pour convaincre l'employeur de vos qualités en mettant en valeur votre expérience et votre motivation. Il faut donner l'envie à l'employeur de vous contacter pour un entretien! Et puis vous finissez par une formule de politesse traditionnelle.

– Bien, merci beaucoup!

---

4 Students read Hugo's letter of application and match parts of the letter to the different sections 1–8 listed in activity 3.

Answers:

1 *A*　**2** *E*　**3** *B*　**4** *C*　**5** *F*　**6** *G*　**7** *D*　**8** *H*

Grammaire (2)

Recognising the perfect conditional

Students learn how to recognise the perfect conditional.

A Students translate sentences into English.

Answers:
1 *If Hugo had gone abroad, he would have been able to speak the language.*
2 *If he had already worked as a volunteer, he would have had an excellent experience.*
3 *He was offered a job, but in order to accept it he would have had to have been 18 years old.*

Compétences

Writing a formal letter

This section provides a model letter of application with tips in English on how to write each section.

5 Students compare Hugo's letter of application with his Internet forum message on page 130, focusing on the differences between them. (They should notice that the forum message is much more informal.) Students are referred to the *Compétences* section on formal letter writing.

6 Students write their own letter of application for a work experience placement in France.

C 45 Copymaster 45 provides additional guidance and activities based on writing a job.

Grammaire active

page 132

Planner

Grammar focus
♦ The subjunctive

Resources
♦ Students' Book page 132
♦ Copymaster 43

The subjunctive

This section focuses on the different uses of the subjunctive, e.g. to express an opinion, doubt or emotion using certain verbs or impersonal phrases,

or following certain conjunctions. Students are referred to the verb tables for a reminder of some common irregular subjunctives.

1 Students find all the subjunctives in the text. They explain each use of the subjunctive by referring to the 'ABC'.

Answers:
*Mon père me met une pression incroyable! **Il veut que je sois** (**B**) le meilleur partout. Il insiste **pour que je prenne** (**C**) des cours de maths supplémentaires **afin que j'améliore** (**C**) ma moyenne. En même temps, il n'arrête pas de dire qu'**il doute que je sois** (**A**) capable de réussir au bac. **Il a peur que je sois** (**B**) le seul de la famille à le rater. Pour lui, ça serait la honte! Ma mère aussi **souhaite que je réussisse** (**B**) mais ce n'est pas une obsession comme chez mon père! **Il refuse que je fasse** (**B**) du foot le samedi après-midi **à moins que je ne passe** (**C**) le reste du week-end à faire des révisions. Il me prend la tête!*

2 Students choose the correct verb form (subjunctive or indicative) to complete each sentence.

Answers:
a *suis*
b *aie*
c *avez*
d *allions*
e *puissiez*
f *sont*
g *peuvent*
h *est*

3 Students translate sentences from English to French, using the subjunctive.

Answers:
a *J'irai à l'université pourvu que je réussisse à mon examen à la fin de l'année.*
b *Il faut que vous alliez à l'université pour faire des études de médecine.*
c *Je suis très content qu'il aille à cet entretien.*
d *Vous ne croyez pas qu'il ait assez d'expérience pour faire l'emploi?*
e *Mes parents ne veulent pas que je fasse un stage en entreprise à l'étranger.*
f *Il ne faut pas que vous soyez déçu si vous n'obtenez pas cet emploi.*

4 Students write a paragraph about their future plans, using at least three subjunctives.

C 43 Additional activities to practise the subjunctive are provided on Copymaster 43.

Au choix

page 133

> **Planner**
>
> *Resources*
> ♦ Students' Book page 133
> ♦ CD 3 track 16

1a Students listen to an interview with a French teacher. They note down the reasons for his choice of career, the details of his education and training, and the qualities needed to be a good teacher.

Answers:

a *Il adore le français, il adore lire, il aime beaucoup les jeunes et il a de bons rapports avec eux.*

b *Il est allé dans un section littéraire au lycée, où il a étudié le français, la philosophie, le grec, le latin, les maths et l'histoire-géo. Il a eu son bac et il est allé à l'université pendant cinq ans, où il a préparé une licence puis une maîtrise de lettres. Ensuite, il a obtenu le CAPES et l'agrégation.*

c *Il faut être strict, compréhensif, sérieux, amusant, optimiste, réaliste, calme, dynamique, psychologue, flexible.*

CD 3 track 16   **p. 133, activité 1a**

– Bienvenue sur Radio-Lycée Montaigne. Ici Nathalie Daniel et la rubrique Vie Active. Aujourd'hui, nous allons parler du métier de professeur de lycée avec Monsieur Bertin, professeur de français. Bonjour, Monsieur Bertin.

– Bonjour, Nathalie, et bonjour à tous!

– Pouvez-vous rapidement nous dire pourquoi vous êtes devenu prof de français?

– Eh bien, d'abord parce que j'adore la langue française et j'adore lire. J'aime aussi beaucoup les jeunes et j'ai de bons rapports avec eux, alors j'ai pensé au métier de professeur de français. Voilà.

– D'accord. Et pouvez-vous nous expliquer brièvement le parcours scolaire typique pour devenir professeur de lycée?

– Oui, bien, personnellement, je suis allé dans une section littéraire au lycée. J'y ai étudié le français et la philosophie, bien sûr, mais aussi le grec et le latin, et puis bien sûr les maths et l'histoire-géo. J'ai eu mon bac et ensuite, je suis allé à l'université pendant cinq ans. Là, j'ai préparé une licence puis une maîtrise de lettres. J'ai ensuite obtenu le CAPES et l'agrégation qui

---

sont des concours, et me voici, au lycée Montaigne depuis deux ans!

– Et pour finir, pourriez-vous nous dire quelles sont les qualités nécessaires pour être prof?

– Hum … dure, cette question! Eh bien, tout d'abord, il faut être strict, mais aussi compréhensif, parce qu'il faut imposer une certaine discipline en classe mais aussi comprendre et aimer ses élèves.

– Donc strict, compréhensif … Quoi encore?

– Euh … eh bien, il faut être à la fois sérieux et amusant: sérieux parce qu'il faut travailler en classe et préparer les élèves aux examens et tout ça, et puis amusant … parce que si les élèves s'ennuient, ils n'apprendront rien!

– Donc strict, compréhensif, sérieux, amusant … que de contradictions!
Oui, c'est vrai, et il y en a d'autres! Il faut aussi être optimiste et réaliste, calme et dynamique … Il faut aussi être très bien psychologue, pour bien comprendre ses élèves. Mais je crois que la meilleure qualité à avoir pour être prof, c'est d'être flexible, de savoir s'adapter.

– Optimiste, réaliste, calme, dynamique, psychologue, flexible … Bref, il faut être superman, quoi!

– Oui, un peu, comme moi, hein!

– Eh bien, merci beaucoup, Monsieur Bertin.

– Merci de m'avoir invité!

– Alors, chers auditeurs, si le métier de prof vous intéresse, passez voir Madame Gaillard, la conseillère d'orientation qui pourra vous donner plus de renseignements. Vie Active est finie pour aujourd'hui, nous nous retrouverons la semaine prochaine avec un autre invité.

1b Students consider whether they would like to be a teacher.

2a Students read the text *Place aux polyglottes!* and explain the title.

Answer:
'Make way for polyglots!', 'Make way for multilinguists!'

2b Students read the text again and work out whether statements a–g in English are true or false.

Answers:

a *Vrai*

b *Faux* (It is no longer enough.)

c *Faux* (You need to study for four to five years to teach in a secondary school, seven years to teach in a university.)

d *Faux* (Few jobs are creative; most are commercial or technical.)

e *Faux* (They are badly paid.)

f *Vrai*

g *Faux* (They are starting to understand.)

3 Students imagine they want to do a work placement in a hotel in France and are about to be interviewed by video conference. They prepare their responses to questions about why they want to do this work placement, their own qualities, interests and skills, and any experience they have.

4 Students write 250 words on one of the topics suggested:

♦ *Préparez un document à mettre dans une capsule qui ne sera ouverte que dans 500 ans. Le thème: La vie d'un étudiant au 21ème siècle.*

♦ *Interrogez quelqu'un qui exerce un métier qui vous fait rêver (ou faites des recherches sur Internet). Présentez sa formation, les avantages et les inconvénients du métier, ses conseils à un jeune qui voudrait faire ce métier.*

Révisions Unité 9

pages 134–135

Planner
Resources   ♦ Students' Book pages 134–135   ♦ CD 3 track 23

1 Students imagine they wish to live abroad for a year, and prepare a one- or two-minute presentation to convince their parents to let them go. They make brief notes in advance to use as prompts, then record themselves speaking. (10 marks for content, 10 marks for quality of language)

2 Students respond orally to the questions. They should make notes and record their answers.

Possible marks allocation:

a What interests you most at school? (2 marks)

b Will your studies at school be useful later? (3 marks)

c What career would you like to follow and why? (2 marks)

d What can be done to avoid being out of work? (3 marks)

3 Students prepare a written response to the issues raised by the advert. They should cover the following points: what the advert is for; what impact the image has; to whom it is addressed; what is offered; and in what ways the advert reflects the situation of young people in France today. (2 marks for each point = 10 marks)

 4 Students listen to the recording and choose a or b to complete each sentence. (5 marks)

Answers:

1 *a*   **2** *b*   **3** *a*   **4** *a*   **5** *b*

CD 3 track 23	p. 135, activités 4–6

– La formation en alternance, qu'est-ce que c'est au juste? On l'appelait autrefois apprentissage. C'est se former à la théorie et à la pratique d'un métier. On suit des cours et on prépare un diplôme tout en travaillant. Le contrat d'apprentissage permet aux jeunes de 16 à 25 ans d'avoir 400 heures de cours théoriques par an dans un centre spécialisé, un centre de formation d'apprentis. En même temps, ces jeunes apprentis travaillent pour un employeur

– et ils sont payés un pourcentage du salaire minimum. Un contrat peut durer de un à trois ans.
  J'ai interviewé Jonathan, 16 ans, qui fait un contrat d'apprentissage en boulangerie: il travaille chez un boulanger et il prépare un CAP, c'est-à-dire un Certificat d'Aptitudes Professionnelles.
  Jonathan, d'après toi, quels sont les avantages et les inconvénients de l'apprentissage?

– Euh … les avantages: eh ben, on prépare un diplôme, on apprend un métier, on est payé – pas beaucoup mais c'est mieux que rien – et puis on est plus ou moins sûr d'avoir un emploi après, quoi.

– Donc on a le côté théorique et pratique en même temps, c'est ça?

– Oui, tout à fait … Bon ben, pour les inconvénients: ben alors euh … c'est dur quand même, hein, l'apprentissage. Les horaires, surtout. En boulangerie, il faut se lever tôt, alors, les jours où je vais en cours, et ben moi, je suis quand même fatigué. Ça m'arrive de m'endormir en cours des fois!

– Pour faire un bon apprentissage, il faut être motivé et travailleur, si je comprends bien.

– Oui oui, c'est ça, mais pour moi, c'est pas un problème hein, parce que j'adore, moi, la boulangerie, alors … c'est ce que j'ai toujours voulu depuis que je suis tout petit.

 5 Play the recording again. Students listen and answer questions in French. (5 marks, as shown below)

Answers:

a *Une formation en alternance, c'est se former à la théorie et à la pratique d'un métier.* (2)

b *Il faut avoir entre 16 et 25 ans.* (1)

c *Un contrat peut durer de un à trois ans.* (1)

d *Il est payé un pourcentage du salaire minimum, donc pas beaucoup.* (1)

6 Play the recording again. Students make notes, then summarise the interview in English. They should focus on: what training Jonathan is doing; what he regards as the advantages of this type of training; what he considers to be the main drawback; why he does it. (10 marks)

Possible answer:

Sixteen-year-old Jonathan is employed as a baker's apprentice. While he works at the bakery, he is also studying for his CAP certificate. This kind of 'on the job' training is open to young people between the ages of 16 and 25. A contract typically lasts between one and three years, and apprentices would also expect to attend a specialised training centre for about 400 hours of theory. For Jonathan, learning good practice while studying for a qualification is an advantage, as is the small salary and hope of future employment. On the minus side, the hours are long and exhausting. However, he is very motivated because he has always wanted to be a baker.

7 Students answer questions in French on the text *A quoi ça sert d'avoir un diplôme?* (8 marks, as shown below)

Answers:

a *Il y a des diplômés sans expérience pratique qu'aucun employeur ne veut; il y a ceux qui sont 'sur-diplômés' et ne peuvent pas trouver de boulot; il y a ceux qui ont peur de faire des études si c'est pour se retrouver au chômage.* (3)

b *Les statistiques prouvent qu'un diplôme peut protéger du chômage. Un tiers de non-diplômés sont au chômage contre environ un cinquième chez les CAP et BEP et un peu plus d'un dixième chez les BTS et DUT.* (2)

c *Les employeurs préfèrent les diplômes Bac + 2 comme les BTS et les DUT.* (1)

d *En dehors des diplômes, les employeurs aiment voir un bon curriculum vitae avec évidence d'expérience pratique et des qualités personnelles.* (2)

8 Using the arguments given in the extract *A quoi ça sert d'avoir un diplôme?*, together with any other arguments they can think of, students write an email to convince a French penfriend to continue with their studies. (10 marks for content, 10 marks for quality of language)

Révisez tout

Reading

pages 136–137

> **Planner**
>
> *Resources*
> - Students' Book pages 136–137

1 Students match sentence halves to build a text about the origins and development of slam poetry. (11 marks)

Answers:

| 1 *c* | 2 *e* | 3 *b* | 4 *k* | 5 *h* | 6 *j* |
| 7 *a* | 8 *g* | 9 *d* | 10 *f* | 11 *i* | |

2 Students read an article about Bernard Kouchner, the French politician, diplomat, doctor, and founder of Médecins Sans Frontières and Médecins Du Monde. They study a list of details about his career and rearrange them in the order in which they appear in the text. (10 marks)

Answers:

d, f, h, a, c, j, e, b, g, i

3 Students read an article entitled *Comment mangent les Français?* They study a list of statements and work out whether each detail appears in the article or not. (12 marks)

Answers:

| a *non* | b *non* | c *oui* | d *non* | e *oui* | f *oui* |
| g *oui* | h *non* | i *non* | j *oui* | k *oui* | l *non* |

Listening

page 138

> **Planner**
>
> *Resources*
> - Students' Book page 138
> - CD 3 track 24

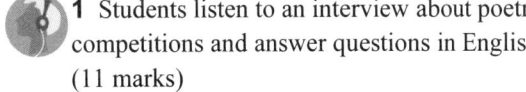

1 Students listen to an interview about poetry competitions and answer questions in English. (11 marks)

Answers:

a *once or twice each month* (1)

b *in an old church that has been transformed into a multi-purpose auditorium for plays, concerts, etc.* (1)

c *he enjoys it, it's a hobby (and there are sometimes competitions)* (1)

d *the participants agree on five volunteers from among the spectators to act as a jury; they are not poetry experts but are chosen at random* (3)

e *you have to write your own poems* (1)

f *you're not allowed any musical accompaniment when reciting your poem* (1)

g *each of the five volunteers awards a mark between one and ten (by holding up their fingers) and the total is added up* (2)

h *bottles of wine* (1)

CD 3 track 24   **p. 138, activité 1**

- Alors, vous, Alex, dans les concours de poésie, vous êtes spectateur ou participant?
- Moi, en général, je suis participant. Euh … en général, je fais ça environ une ou deux fois par mois. Ça me déstresse.
- Et ça se passe où?
- Dans ma ville, on utilise une vieille église transformée en sale polyvalente pour le théâtre, les concerts, les spectacles en tous genres.
- Qu'est-ce qui vous motive? Vous avez des ambitions professionnelles, comme écrivain, peut-être?
- Ah, non, non, vous savez, dans ce genre de concours nous faisons ça essentiellement pour le plaisir. C'est un loisir. Mais parfois, il y a des concours, des compétitions.
- Et ça se passe comment quand il y a des concours?
- Ah, ce n'est rien de sérieux. Tous les participants se mettent d'accord sur cinq volontaires dans le public...
- Donc … pas des … professionnels?
- Non, non, pas du tout. Et les participants doivent réciter *leurs* poèmes.
- On ne peut pas réciter les poèmes de quelqu'un d'autre?
- Non. Et en plus, euh … on doit faire simple: pas d'accessoires … pas de musique … rien que de la poésie.
- Et … comment est-ce qu'on juge les compétitions?
- Alors, les cinq volontaires donnent chacun une note de 1 à 10 avec les doigts, et on fait le total.
- Et … les gagnants, qu'est-ce qu'il reçoivent?
- Oh, ça dépend, mais en général ce n'est rien d'extraordinaire, vous savez. C'est souvent quelques bonnes bouteilles. L'essential, c'est de participer!

2 Students listen to an interview about regional languages in France. They complete a gap-fill text to summarise the interview, using the words provided. Note that there are three more words than are needed. (10 marks)

Answers:

interdit, faciliter, utilisaient, fréquemment, parlé, depuis, facilitent, même, moitié, intégrale

---

CD 3 track 25   **p. 138, activité 2**

– Les langues régionales se portent bien en France?

– Oui, de mieux en mieux en France et on les enseigne aussi bien dans les écoles primaires que dans les collèges et les lycées. La situation n'a pas toujours été la même, bien sûr, parce que de 1800 à 1950 on a fait de la répression parce qu'on considérait les langues régionales comme un obstacle à l'unité nationale. De plus, quand on a ouvert l'école primaire et secondaire à tous, on a considéré que pour les examens il était nécessaire de rendre la langue française obligatoire. Alors on punissait les élèves qui parlaient d'autres langues, et bien souvent par des méthodes humiliantes ou violentes.

– Il existait beaucoup de langues régionales?

– Ah oui! Beaucoup de langues … de dialectes … de patois. Parmi tout cela nous avons par exemple le breton, l'alsacien, l'occitan, le catalan, le corse, le basque, et j'en passe!

– Et alors, qu'est-ce qui a changé en 1950?

– Alors, à partir de cette époque on a commencé à tolérer les langues régionales, et en 1951 on a même autorisé leur enseignement, mais un enseignement facultatif et très limité. Et puis en 1995 une loi plus vaste a considérablement facilité l'enseignement des langues régionales, dans le contexte de la francophonie, du multilinguisme et de la Charte européenne qui est en faveur de la protection et de la promotion de ces langues.

– Alors, donnez-nous un exemple.

– Eh bien, la langue occitane, qui est parlée dans 32 départements, dans le sud de la France. Pas par tous, bien entendu. Et pour vous donner un chiffre, en 2003, plus de 15 000 collégiens apprenaient l'occitan et je sais que le nombre est en augmentation constante.

– Comment s'organise l'enseignement de ces langues?

– Les élèves reçoivent généralement trois heures de cours par semaine, mais il existe aussi des sections bilingues où 50% des cours sont en français et 50% dans une langue régionale. En plus, il est important de noter qu'on enseigne pas seulement la langue mais aussi la culture, les traditions culturelles de la région.

---

 3 Students listen to a report about the Tour de France and complete a multiple-choice activity. (7 marks)

Answers:

1 *c*	**2** *a*	**3** *a*	**4** *b*
5 *c*	**6** *a*	**7** *c*	

CD 3 track 26   **p. 138, activité 3**

– Et maintenant le cyclisme. Aujourd'hui, l'Espagnol Alberto Contador a remporté la 94ème édition du Tour de France. Un tour de France très mouvementé.

– Oui, un des plus mouvementés, et qui a causé entre autres certains désaccords.

– Mais commençons donc par la victoire d'Alberto Contador, Alberto qui a remporté le Tour par 23 petites secondes d'avance sur le numéro 2 au classement général.

– 23 petites secondes après 3 570 km de route, c'est extraordinaire, et il faut ajouter qu'Alberto n'a que 24 ans.

– Et une victoire espagnole nous change un peu des années précédentes après les sept victoires consécutives de l'Américain Lance Armstrong.

– Et en plus c'est la première victoire espagnole depuis 1995.

– Oui, effectivement, depuis les cinq victoires consécutives de Miguel Indurain. Et on n'attendait pas du tout Alberto Contador sur le podium, mais … mais …

– Eh oui, le dopage! Les produits illicites, les produits interdits ont fait de ce Tour de France un des plus dramatiques.

– Les deux favoris ont effectivement été obligés de quitter le Tour, le Kazakh Vinokourov et le Danois Rasmussen, l'un à la suite d'un test sanguin et l'autre parce qu'il ne s'est pas soumis au contrôle.

– Et ils n'étaient pas les seuls.

– Et les Français dans tout ça? Eh bien, au classement général on ne trouve pas un seul Français dans les 20 premiers …

– Mais on fera mieux l'année prochaine!

Writing

page 139

Planner

Resources

♦ Students' Book page 139

---

1 Students write a letter to a young people's magazine explaining who their favourite celebrity is and why. They are encouraged to write about a French celebrity.

2 Students express their reaction to the statement *Etre jeune aujourd'hui est beaucoup plus difficile qu'autrefois.*

3 Students describe a concert, play or dance performance that they've watched or taken part in. They may invent an experience if they wish.

4 Students write an article for a school magazine, encouraging young people to spend less time watching television or on the computer and more time doing sport.

5 Students explain which three things in their life are the most important to them, and why.

6 Students write a response to a letter published in a newspaper about the ban on smoking in public places, expressing their own opinion of the ban.

7 Students imagine they are about to go on holiday with their family. They don't want to go because they'd rather go on holiday with their friends, but they have no choice in the matter. They describe how they imagine the holiday will be.

Speaking

page 140

Planner

Resources

♦ Students' Book page 140

1 Students prepare to speak about an advert of their own choice, addressing the following points: What is their opinion of the advert? Do they feel they themselves are influenced by advertising in general? Do they think advertising is important in order to sell a product?

2 Students prepare to take part in an unscripted interview about slam poetry. (For information, refer them to the reading activity on page 136 of the Students' Book.)

They are encouraged to memorise a few key details but to refrain from learning complete sentences. They practise in pairs.

3 In groups, students discuss whether life for their own generation will be very different from that of previous generations. They are prompted to focus on family, friends, work and leisure time.

4 Students perform a role-play in pairs: student A, aged 17, has just obtained their driving licence and wants to borrow B's car to go away for the weekend with friends; B is the parent/guardian who is reluctant to let them do this. Each tries to persuade the other to agree.

5 Students prepare to debate the issue *Jusqu'à quel âge l'école devrait-elle être obligatoire?*

6 Students read some statistics about alcohol consumption by young people in France, together with some quotations from young people. They explain what the information is about, expressing their reactions and comparing the situation in France with conditions here. They suggest ways of reducing the number of young people killed in alcohol-related car accidents.

Grammaire

pages 141–143

Planner

Resources

♦ Students' Book pages 141–143
♦ CD 3 track 27

Past, present or future?

 1 Students listen to twelve statements and work out whether each one relates to the past (PA), present (PR) or future (F).

Answers:

a *PA*	**b** *PR*	**c** *F*	**d** *PR*	**e** *F*
f *PA*	**g** *PR*	**h** *PA*	**i** *PR*	**j** *F*

CD 3 track 27 p. 141, activité 1

a La consommation de tabac a déjà beaucoup baissé.

b Beaucoup d'achats sont influencés par la publicité.

c L'obésité baissera peut-être en conséquence de la nouvelle campagne gouvernementale.

d Les familles prennent des vacances plus courtes mais plus souvent.

e Le tramway sera inauguré par le maire et le préfet.

f Le nombre de chômeurs a continué à baisser, mais moins rapidement.

g La consommation est influencée par les salaires.

h On a constaté une baisse de la population agricole.

i Le choix de certains vacanciers est motivé par un besoin de retour à la nature.

j L'évolution de la natalité va peut-être se maintenir.

The perfect tense

2 Students rewrite the notes in full sentences using the perfect tense.

Answers:

a *On a lancé la carte Visa.*

b *On a autorisé le divorce par consentement mutuel.*

c *On a mis sur le marché le rasoir jetable Bic.*

d *On a mis au point la liposuccion.*

e *On a ouvert le premier McDonald's parisien.*

f *On a inventé le Rubik's Cube et le Walkman de Sony.*

g *On a inauguré la première ligne de TGV.*

h *On a aboli la peine de mort.*

i *On a légalisé l'homosexualité.*

j *On a supprimé la première classe dans le métro.*

The imperfect tense

3 Working in pairs, students choose a famous person. They then take turns to make up sentences about the person, imagining what they were like and what they used to do when they were young. They note down the infinitives of all the imperfect tense verbs used, and must try not to use any verb more than once.

The imperfect tense and the perfect tense

4 Sentences a–l describe current statistics, with comparable figures from 1973 given in brackets. Students rewrite the sentences using either the perfect or the imperfect tense to describe the figures from 1973.

Answers:

a *En 1973, 58% des ménages français avaient une voiture.*

b *En 1973, l'espérance de vie chez les hommes était de 69 ans.*

c *En 1973, l'espérance de vie chez les femmes était de 76 ans.*

d *En 1973, on a enregistré 35 000 divorces.*

e *En 1973, 58% des ménages français possédaient un animal domestique.*

f *En 1973, l'alcool a causé 22 000 morts, par accidents ou maladie.*

g *En 1973, un salarié moyen devait travailler 250 heures pour pouvoir s'acheter un téléviseur.*

h *En 1973, 16% des Français ont pris des vacances d'hiver.*

i *En 1973, les Français passaient 2 h 42 par jour devant la télévision.*

j *En 1973, 1 700 000 Français travaillaient dans le secteur agricole.*

k *En 1973, le secteur public employait environ 4 millions de fonctionnaires.*

l *En 1973, 788 000 actifs avaient un emploi à temps partiel.*

The future tense

5 Students rewrite sentences in the future tense.

Answers:

a *Un jour, j'irai aux îles Galapagos.*

b *Un jour, je ferai un voyage en hélicoptère.*

c *Un jour, j'apprendrai à conduire un avion.*

d *Un jour, j'habiterai en Grèce.*

e *Un jour, je verrai le Taj Mahal.*

f *Un jour, je serai capable de parler au moins cinq langues.*

g *Un jour, j'aurai un tableau de Matisse.*

h *Un jour, je saurai mieux danser.*

The conditional

6 Students complete sentences in their own words, using the conditional.

The subjunctive

7 Students put the infinitive in each sentence into the subjunctive.

Answers:

a *mette*

b *soient*

c *ayons*

d *puisse*

e *pleuve*

f *réussisse*

g *veuilles*

h *aille*

i *soit*

j *soit*

The relative pronouns 'qui' 'que' and 'dont'

8 Students complete the sentences using *qui, que/qu'* or *dont*.

Answers:

a *qui*

b *que*

c *dont*

d *que*

e *qui*

f *que*

g *qui*

h *dont*

i *que, qui*

j *qu'*

k *que*

l *qui*

Present participles

9 Students complete sentences *en* and the present participle of the infinitives provided.

Answers:

a *en lisant*

b *en faisant*

c *en allant*

d *en conduisant*

e *en écrivant*

f *en dormant*

g *en prenant*

Pronouns

10 Students complete the sentences using *le, la, l', les, lui, leur, y* or *en*.

Answers:

a *les, j'en*

b *lui*

c *le*

d *leur*

e *J'y*

f *l'*

g *lui*

h *les*

i *leur*

j *en*

Questions

11 Students rewrite the questions using inversion.

Answers:

a *Le nombre de naissances a-t-il augmenté ces dernières années?*

b *Avez-vous les dernières statistiques sur la consommation de cannabis?*

c *Quand vont-ils publier le bilan de la saison touristique?*

d *Pourquoi des millions de Français partent-ils en vacances en même temps?*

e *Quand le taux de chômage a-t-il commencé à baisser?*

f *A votre avis, pourquoi y a-t-il 30 000 enfants qui fuguent chaque année?*

g *La publicité influence-t-elle vraiment beaucoup les comportements?*

h *Depuis quand avons-nous essentiellement une population urbaine?*

i *Pourquoi la campagne commence-t-elle à se repeupler?*

j *Les Français, que peuvent-ils faire pour améliorer leur santé?*

Small words

12 Students complete each paragraph using the words provided.

Answers:

a *La caféine semble avoir un effet protecteur sur la mémoire **des** femmes âgées. Consommer **au** moins trois tasses **de** café par jour semble mieux protéger **les** femmes de plus de 65 ans **que** celles qui **en** boivent une tasse ou moins.*

b ***Les** intoxications alimentaires sont dues à différents germes, par exemple:*
*– les staphylocoques, **qui** peuvent **se** cacher dans **de** nombreux aliments tels que les pâtisseries, les glaces et les charcuteries*
*– les salmonelles, **que** l'on trouve généralement dans la viande insuffisamment cuite, les laitages et les œufs*
*– les colibacilles, **dont** la présence peut se manifester dans tous les aliments.*

c *La recherche médicale et une détection plus précoce font partie **des** principales mesures du plan Alzheimer lancé mardi **par** Nicolas Sarkozy. Le président de la République a demandé **au** professeur Joël Ménard de présider la commission chargée de mettre en place **ces** mesures mais l'association France Alzheimer, **qui** a plus **de** 20 ans d'expérience, souhaite participer à l'élaboration de ce plan.*

d *La France est le sixième pays de l'Union européenne **à** bannir la cigarette dans les lieux publics. Les accros sont désormais condamnés à braver le froid **pour** allumer une cigarette. Dans les gares, il est possible **de** fumer uniquement à l'air libre. Dans les hôpitaux, **où** meurent 66 000 personnes **par** an à cause de la cigarette, les coins fumeurs sont interdits. Apparemment, les patchs et autres substituts **se** vendent actuellement très bien.*

Compétences

pages 144–145

Planner

Resources

♦ Students' Book pages 144–145
♦ CD 3 tracks 28–29

Functions of language

1a Students listen to a list of ten separate statements and decide whether each one expresses a right, a duty, a wish, an obligation, a regret or a suggestion.

Answers:
Droit: 5
Devoir: 2, 8
Souhait: 7
Obligation: 4, 9
Regret: 1, 10
Suggestion: 3, 6

CD 3 track 28   **p. 144, activité 1a**

1 Il est dommage qu'il n'y ait pas plus de films en langues étrangères à la télévision.
2 J'estime qu'il est essentiel de faire son possible pour respecter l'environnement quand on est en vacances.
3 Est-ce que ça vous intéresserait d'aller voir un match de rugby le mois prochain?
4 Il faut absolument que tu te présentes pour les prochaines auditions de *Star Academy*!
5 Bien sûr que j'ai l'autorisation de boire de l'alcool! J'ai 18 ans.
6 Et si j'essayais de trouver un boulot à la piscine pour le samedi ou le dimanche?
7 Mes parents aimeraient bien que j'aille à l'université, mais pas trop loin d'ici.
8 De nos jours, apprendre à utiliser Internet et toutes les nouvelles technologies me semble impératif.
9 Nous devons absolument faire vérifier la voiture avant de partir en vacances.
10 Je regrette que tu n'aies pas réussi à faire baisser ta consommation d'alcool.

1b In groups, students note all the expressions they know for expressing a–f from activity 1a.

1c In groups, students play a dice game to practise expressing a–f from activity 1a.

The first player throws the die to determine whether to express a right, a duty, a wish, an obligation, a regret or a suggestion (1–6 on the die represent a–f from activity 1a). They then throw two dice to determine a theme (1–12). Once they have done this, they have 30 seconds to think of a sentence combining the two elements, e.g. 6/f (*suggestion*) + 5 (*les vacances à l'étranger*) – *Et si on allait en vacances en Crète pour changer en peu?*

If they are able to form an appropriate sentence, they win a point. It is then the turn of the next student. At the end of the activity, the student with the most points is the winner.

Taking notes while listening

2 Students listen to a news item about holidays in the mountains and make notes in English about the suggested points.

Answers:
a *nearly a quarter of French holidaymakers*
b *clean air, peaceful, unspoilt*
c *the business is worth 150 billion euros, sales of equipment are good*
d *camping on farms, rented cottages*
e *walking, climbing, mountain biking, hang-gliding*

CD 3 track 29   **p. 144, activité 2**

Destination vacances

Promenade, repos ou sport: la montagne attire près d'un quart des Français qui partent en vacances. Le bon air, le calme et l'authenticité de la montagne séduisent les Français. Pour échapper à la foule qui se masse en bord de mer, ils sont nombreux à opter pour le tourisme vert. Une tendance née dans les années 70 sur la vague des mouvements baba cool et écolo. Aujourd'hui, cet engouement pour le tourisme vert se traduit par un chiffre d'affaires de près de 22 milliards d'euros. Le marché du matériel et des équipements spécialisés se porte bien. Le succès des formules d'hébergement comme le camping à la ferme ou les gîtes ruraux témoignent aussi de cet élan vers les grands espaces. De la randonnée pédestre à l'alpinisme, en passant par le VTT, l'escalade ou le vol libre, les activités proposées aux vacanciers se sont diversifiées. La gastronomie et le plaisir de se retrouver en famille font le reste. Après la Côte d'Azur et l'Atlantique, les Pyrénées et les Alpes sont les destinations les plus fréquentées pendant l'été.

Learning vocabulary: word families

3 Students read a text about learning to drive. For each highlighted word in the text, they note down a word (or words) belonging to the same family.

Suggested answers:

obtention: obtenir

permis: permettre, permission

choix: choisir

apprentissage: apprendre, apprenti

légal: loi, légalement, légalisation, légaliser, légalité

conduite: conduire, conducteur

rarement: rare, rareté

suffisant: suffire, suffisamment, suffisance

candidats: candidature

accompagnée: accompagner, accompagnement, accompagnateur

efficace: efficacement, efficacité

prendre: preneur, pris, prise

suivi: suivre, suite, suivant

réussi: réussir, réussite

examen: examiner, examinateur

Speaking from notes

4 Students are presented with some notes and statistics about leisure and media trends in France. In pairs or groups, they practise speaking from the notes. They are encouraged to express general tendencies rather than simply quoting the figures, e.g. *On constate qu'aujourd'hui, les familles dépensent **un peu moins** qu'en 1995.*

Writing a formal letter

5 Students read an informal email in which the writer describes a disastrous stay in a holiday village. They use the information in the email as the basis for writing a formal letter of complaint to the manager of the holiday village.